# はじめに

漢字能力は日常生活を送る上で、欠くことのできない基本的な能力であり、パソコンが普及した現在においても、正しい知識がなければ適切な文章表現は難しいといえます。一朝一夕に身につくものではありませんが、書籍、新聞、雑誌を、漢字を意識して読むなど日ごろの努力の積み重ねが必要なことはいうまでもありません。

本書は、最近しだいに会社や学校で重要な資格とみなされるようになってきた**「漢字能力検定」**に合格できる実力を養うことに重点をおいて作成しています。また、**改定された常用漢字表**に対応しています。

# 特色と使い方

本書は**「練習編」**、**「実戦編」**、**「資料編」**の三部構成になっています。

**「練習編」**では読み書きなどの問題形式別に効[illegible]問題は見開き二ページ、解答は書き込み式になってい[illegible]らんを利用して、繰り返し練習することが上達のコツで[illegible]体のついた語句は**「ワンポイント」**で解説。**「漢字力がつ**[illegible]の知識や学習のこころがけなどがあり、成績アップがは[illegible]

**「実戦編」**は検定と同じ形式、問題数の模擬テ[illegible]に、漢字能力の点検や弱点チェックをすることができま[illegible]

**「資料編」**は準2～4級の出題漢字などをのせ[illegible]認ができます。

また、**「解答編」**は答え合わせのしやすい別冊とし、まちがえやすいところは「×」や注で親切に示し、**「チェックしよう」**は重要な語句や漢字知識の解説で、幅広い漢字力の養成に役立つ工夫をしています。

# 目次

漢字検定準2級トレーニングノート

# 1 漢字の読み（音読み）①

言葉の意味を確かめて、書いて覚えるのが効果的

よく出る

| 合格 | もう一歩 | がんばれ |
| --- | --- | --- |
| (50〜35) | (34〜26) | (25〜　) |

得点

● 次の――線の読みをひらがなで、（　）の中に記せ。

□ 1 素直に首肯できる考え方だ。（　　）
□ 2 評判の良書を生徒に推薦する。（　　）
□ 3 事故の賠償金を支払う。（　　）
□ 4 策略にはまって苦汁*をなめた。（　　）
□ 5 地震計に地殻変動が記録される。（　　）
□ 6 顧客の要望に迅速に対応する。（　　）
□ 7 家族に対する侮辱は許せない。（　　）
□ 8 敵を領地から駆逐する。（　　）
□ 9 睡眠を十分にとりなさい。（　　）
□ 10 大地震で地盤が陥没する。（　　）
□ 11 生徒代表が弔辞を読む。（　　）
□ 12 進路について示唆*を受けた。（　　）
□ 13 交通違反で説諭された。（　　）

□ 14 友人の内緒話をする。（　　）
□ 15 荒涼とした原野が続く。（　　）
□ 16 二つの市の合併が計画される。（　　）
□ 17 煩雑な仕事に手を焼く。（　　）
□ 18 復興作業に懸命に取り組む。（　　）
□ 19 話の内容が空疎である。（　　）
□ 20 金額の多寡は問題ではない。（　　）
□ 21 議論が沸騰して盛り上がる。（　　）
□ 22 核兵器の廃絶が叫ばれる。（　　）
□ 23 権力者に恭順*の意を表した。（　　）
□ 24 友の急死に哀悼の意を表する。（　　）
□ 25 懲罰に値する行為だ。（　　）
□ 26 学問の進歩に貢献する。（　　）

□ 27 望遠鏡のレンズを研磨する。（　　）
□ 28 省エネルギーを奨励する。（　　）
□ 29 常軌を逸脱*してはならない。（　　）
□ 30 学歴を偏重する人もいる。（　　）
□ 31 売上げが漸次伸びつつある。（　　）
□ 32 偶像の崇拝を禁止する。（　　）
□ 33 物騒な事件が頻発している。（　　）
□ 34 記録の更新に挑戦するつもりだ。（　　）
□ 35 収賄が発覚して更迭された。（　　）
□ 36 弁護側は情状酌量を求めた。（　　）
□ 37 日曜は休診する病院が多い。（　　）
□ 38 旧跡を訪ね懐古の情に浸る。（　　）
□ 39 辺りは漆黒のやみに包まれた。（　　）
□ 40 完成した書画に落款*を押す。（　　）

□ 41 組織で枢要な地位を占める。（　　）
□ 42 大使が国王に謁見する。（　　）
□ 43 贈賄の罪で起訴される。（　　）
□ 44 歯並びを矯正してもらう。（　　）
□ 45 足の傷がすっかり治癒した。（　　）
□ 46 明るい校風を醸成*する。（　　）
□ 47 踏切の遮断機が作動しない。（　　）
□ 48 彼は自信過剰な人だ。（　　）
□ 49 やむをえず折衷案を出した。（　　）
□ 50 国を相手に公害の訴訟を起こす。（　　）

**ワンポイント**

4 苦汁＝苦い経験。同じ音の「苦渋」と混用しないこと。
12 示唆＝それとなく示すこと。
23 恭順＝つつしんで命令に従うこと。

29 逸脱＝本筋からそれること。
40 落款＝書画に筆者が自分の名を書き、印を押すこと。
46 醸成＝①酒などをつくること。②ある機運をつくること。

**漢字力がつく**

漢字の読みは、**旧常用漢字全体の一九四五字**から、削除された五字を除いた一九四〇字から出題される。

# 2 漢字の読み（音読み）②

——読む力が漢字能力の基本である

よく出る

| | |
|---|---|
| 合格 | (50～35) |
| もう一歩 | (34～26) |
| がんばれ | (25～ ) |

得点

● 次の——線の読みをひらがなで、（ ）の中に記せ。

□ 1 核兵器の拡散を防止する。（ ）
□ 2 年齢を括弧の中に記入する。（ ）
□ 3 この山林は市が管轄している。（ ）
□ 4 欧州の管弦楽団が来日した。（ ）
□ 5 窃盗の容疑で逮捕される。（ ）
□ 6 番犬が侵入者を威嚇する。（ ）
□ 7 戸籍謄本を添えて提出する。（ ）
□ 8 自衛隊の駐屯地で取材する。（ ）
□ 9 鋭い洞察力で事件を解決する。*（ ）
□ 10 遺体の納棺を済ませる。（ ）
□ 11 亜熱帯地方の気候を調査する。（ ）
□ 12 猟師が獲物に銃口を向ける。（ ）
□ 13 相手の動静を偵察する。（ ）

□ 14 公務員の不正行為を弾劾する。*（ ）
□ 15 常に謙虚さを心がける。（ ）
□ 16 水泳で全国大会の覇者となる。（ ）
□ 17 飛行機が上空を旋回している。（ ）
□ 18 三年ぶりにタイトルを奪還する。（ ）
□ 19 同僚との人間関係に悩む。（ ）
□ 20 硝煙反応の検査をする。（ ）
□ 21 心を無にして座禅を組む。（ ）
□ 22 常に寛容な態度で人に接する。（ ）
□ 23 文章に稚拙な表現がみられる。*（ ）
□ 24 北海道の農場で酪農を営む。（ ）
□ 25 部屋の中にガスが充満する。（ ）
□ 26 広く一般から寄附を募る。（ ）

□ 27 詩や俳句などの韻文を味わう。

□ 28 会を主宰する立場となる。

□ 29 人道に反する拷問を禁止する。

□ 30 安易に妥協しない。

□ 31 自由奔放に生きて生涯をとじる。

□ 32 大統領が国賓として招待される。

□ 33 会員名簿から名前を抹消する。

□ 34 将来に一抹の不安を覚える。

□ 35 患者は外科の病棟にいる。

□ 36 庭先で盆栽の手入れをする。

□ 37 自然の恩恵を享受*する。

□ 38 かねてから彼に私淑していた。

□ 39 港に艦艇が停泊している。

□ 40 古代文明発祥の地を訪ねる。

□ 41 良い米から酒を吟醸する。

□ 42 交渉は暗礁に乗り上げた。

□ 43 詔書には御名御璽*がある。

□ 44 縄文時代の土器が出土する。

□ 45 美術の教師は彫塑に詳しい。

□ 46 解剖して死因を調べる。

□ 47 川の水の成分を分析する。

□ 48 胸部疾患のため入院した。

□ 49 政治家の堕落を糾弾*する。

□ 50 実力を遺憾なく発揮した。

**ワンポイント**

9 洞察＝普通では見ぬけない点も、すぐれた観察力で見ぬく。

14 弾劾＝罪悪をあばいて、責任を問うこと。

23 稚拙＝技術が未熟で、下手。

37 享受＝積極的にその対象のよさをとり入れること。

43 御璽＝天皇の印鑑。

49 糾弾＝罪の責任を追及して非難攻撃すること。

**漢字力がつく**

**音読み**は、長期にわたって中国のちがった地方から伝わってきた字音をもとにした読み方である。そのため、同一の字でも**時代によって異なる音**（呉音《ごおん》・漢音《かんおん》・唐音《とうおん》）が伝わった。

# 3

# 漢字の読み（音読み）③

——まちがった問題はくり返し練習しよう

よく出る

| | |
|---|---|
| 合格 | （50〜35） |
| もう一歩 | （34〜26） |
| がんばれ | （25〜　） |
| 得点 | |

●次の——線の読みをひらがなで、（　）の中に記せ。

□ 1 一刻も猶予すべき時ではない。（　　）

□ 2 急報を受けて捜索隊が出動した。（　　）

□ 3 異常気象で収穫が逓減*する。（　　）

□ 4 手をよく洗って殺菌する。（　　）

□ 5 絶体絶命の窮地に追い込まれた。（　　）

□ 6 何かと醜聞の絶えない人だ。（　　）

□ 7 国会の召集の詔書が公布される。（　　）

□ 8 この作品は今世紀最大の傑作だ。（　　）

□ 9 今は本の洪水ともいえる時代だ。（　　）

□ 10 同盟罷業の決行を中止した。（　　）

□ 11 訪問先で厚遇を受けた。（　　）

□ 12 激しい派閥争いを繰り広げる。（　　）

□ 13 時間に余裕をもって出掛ける。（　　）

□ 14 従来の俗説を堂々と喝破*した。（　　）

□ 15 慶弔の行事が重なる。（　　）

□ 16 新薬の効果が顕著に現れた。（　　）

□ 17 母はいつも悠長に構えている。（　　）

□ 18 渓流で釣り糸をたれる。（　　）

□ 19 バス停に長蛇の列ができた。（　　）

□ 20 船に魚群探知機を搭載する。（　　）

□ 21 貴重な資料なので丁寧に扱う。（　　）

□ 22 高校球界を代表する豪腕投手だ。（　　）

□ 23 彼は旧家の嗣子である。（　　）

□ 24 調査事項を概括して報告する。（　　）

□ 25 長時間の肉体労働で疲弊する。（　　）

□ 26 暑さで体力を消耗した。（　　）

□ 27 因循*な態度に業《ごう》を煮やす。

□ 28 地球の砂漠化を防ごう。

□ 29 個性のない凡庸な作品だ。

□ 30 美しい旋律に思わず聴きほれる。

□ 31 商品の偽装が問題になった。

□ 32 新聞の時事川柳を読む。

□ 33 先生と父母が懇談する。

□ 34 不法投棄のごみから臭気が漂う。

□ 35 累積赤字もやっと解消した。

□ 36 権力の妄執*に取りつかれる。

□ 37 老いた両親を扶養する。

□ 38 授業料の納入を督促する。

□ 39 虫が伝染病を媒介する。

□ 40 岩をダイナマイトで粉砕する。

□ 41 原油の価格が急騰している。

□ 42 秩序を乱す行為は避ける。

□ 43 結論を出すのは時期尚早だ。

□ 44 時宜*にかなった処置をする。

□ 45 平衡感覚が並外れている。

□ 46 お茶の頒価は定価の二割引きだ。

□ 47 仕事に見合う報酬を受け取る。

□ 48 昭和の名作を網羅*した全集だ。

□ 49 企業グループの総帥として君臨する。

□ 50 大幅な減俸処分を覚悟する。

**ワンポイント**

3 逓減＝次第に減ること↕逓増

14 喝破＝大声で、正しくない説をうちまかすこと。

27 因循＝決断がつかない様子。

36 妄執＝心の迷いのため、はれない執念。

44 時宜＝ちょうどよい時期。

48 網羅＝集め尽くすこと。(「網」は魚をとる網、「羅」は鳥をとる網)

**漢字力がつく**

音読みには、**呉音・漢音・唐音**のほかに**慣用音**(わが国で使い慣らされた音で「納《な》屋」「掃除《じ》」など)がある。漢音は現在最も多く使われ、漢字全体の三分の二以上を占める。(「自然《しぜん》」・「文化《ぶんか》」・「家庭《かてい》」・「会社《かいしゃ》」など)

# 4 漢字の読み（音読み）④

——漢字の一字一字をはっきり区別して読もう

| 合格 | もう一歩 | がんばれ | 得点 |
| --- | --- | --- | --- |
| (50〜35) | (34〜26) | (25〜 ) | |

● 次の——線の読みをひらがなで、（　）の中に記せ。

□ 1 二人は犬猿の仲と言われる。（　　）
□ 2 祖母を徹夜で看病した。（　　）
□ 3 兄弟間に絶えず摩擦が起こる。（　　）
□ 4 先の提案は撤回します。（　　）
□ 5 芸術家は繊細な神経を持っている。（　　）
□ 6 会議中は静粛に願います。（　　）
□ 7 食あたりで下痢が続く。（　　）
□ 8 睡魔に襲われて仕事が進まない。（　　）
□ 9 全身麻酔で手術を受ける。（　　）
□ 10 皇太子妃殿下にお会いする。（　　）
□ 11 会場は閑散*とした雰囲気だった。（　　）
□ 12 滋味に富む海の幸だ。（　　）
□ 13 汚職をきびしく糾明*する。（　　）

□ 14 二人の実力は伯仲している。（　　）
□ 15 犯人の足どりを捜査する。（　　）
□ 16 企業犯罪を容赦なく告発する。（　　）
□ 17 人に干渉されたくない。（　　）
□ 18 大雑把な考え方をする人だ。（　　）
□ 19 生物にとって死は普遍の事実だ。（　　）
□ 20 既往症をカルテに記入する。（　　）
□ 21 法廷で無罪の判決が下った。（　　）
□ 22 弟にお駄賃をあげる。（　　）
□ 23 英会話の私塾を開いた。（　　）
□ 24 恩師の言葉を心に銘記する。（　　）
□ 25 首相官邸前に報道陣が集まる。（　　）
□ 26 本物に酷似*した複製品だ。（　　）

□ 27 波乱に富んだ生涯だった。（　　）
□ 28 外国文学を児童用に抄訳する。（　　）
□ 29 船舶の往来が激しい海域だ。（　　）
□ 30 相異なる文化の融合を図る。（　　）
□ 31 国会で条約が*批准された。（　　）
□ 32 偉大な科学者として崇拝している。（　　）
□ 33 恐ろしい災厄に見舞われる。（　　）
□ 34 心の琴線に触れるよい話だ。（　　）
□ 35 珠玉の短編を集めた本だ。（　　）
□ 36 *法曹界に新風を吹き込む。（　　）
□ 37 代表に花束が贈呈された。（　　）
□ 38 披露宴を盛大に行う。（　　）
□ 39 伝染病撲滅のために尽力する。（　　）
□ 40 母はめったに愚痴を言わない。（　　）

□ 41 湖面から鳥が一斉に飛び立つ。（　　）
□ 42 秋の叙勲が行われる。（　　）
□ 43 飢餓に苦しむ子供たちを救おう。（　　）
□ 44 傷口を水で洗浄する。（　　）
□ 45 幼児誘拐事件が起こった。（　　）
□ 46 一国の宰相として活躍した。（　　）
□ 47 社会人としての*倫理観に乏しい。（　　）
□ 48 化学の実験で硫酸を使う。（　　）
□ 49 今こそ禍根をたつべき時だ。（　　）
□ 50 一門の俊傑と目されている。（　　）

**ワンポイント**

11 閑散＝人がまばらで静かな様子。
13 糾明＝罪・不正をただし、明らかにする。「究明」と混用しない。
26 酷似＝ひどく似ている。
31 批准＝条約を、国家として認め、最終的に確定すること。
36 法曹＝法律関係にたずさわる人。弁護士・検察官など。
47 倫理＝人の踏み行わなければならない道。

**漢字力がつく**

同じ字だが、ちがった時代に伝わったため、**異なる音**になるものを確認しておこう。

例「京」京《きょう》都（呉音）・京《けい》師（漢音）・南京《きん》（唐音）／「行」行《ぎょう》事（呉音）・旅行《こう》（漢音）・行《あん》宮（唐音）

# 5 漢字の読み（訓読み）①

――送りがなのつく漢字の読みに注意しよう

よく出る

| 合格 | もう一歩 | がんばれ |
|---|---|---|
| (50〜35) | (34〜26) | (25〜　) |

得点

●次の――線の読みをひらがなで、（　）の中に記せ。

□ 1 観客から声援が沸き上がった。（　　）
□ 2 旧来の殻*を破って新味を出す。（　　）
□ 3 海から涼しい風が吹いてくる。（　　）
□ 4 升目の大きい原稿用紙を使う。（　　）
□ 5 ドアに衣服が挟まる。（　　）
□ 6 縁起をかついで繭玉*を飾った。（　　）
□ 7 将来を見据えて行動する。（　　）
□ 8 相手の差し手を嫌う。（　　）
□ 9 本棚から愛読書を取り出す。（　　）
□ 10 人口は都市に偏りがちだ。（　　）
□ 11 いちばん眺めのよい所に案内します。（　　）
□ 12 三町を併せて新しい市をつくる。（　　）
□ 13 西の空に宵の明星が輝いている。（　　）

□ 14 骨肉の醜いもめ事に手を焼く。（　　）
□ 15 濃霧が視界を遮る。（　　）
□ 16 資金のやりくりに思い煩う。（　　）
□ 17 公共施設は税金で賄われている。（　　）
□ 18 潮が引き干潟が現れた。（　　）
□ 19 百坪*の土地を購入する。（　　）
□ 20 心の傷は金銭では償えない。（　　）
□ 21 冗談とは知らず泡*を食った。（　　）
□ 22 理非をわきまえるように諭す。（　　）
□ 23 来年は冬山に挑むつもりだ。（　　）
□ 24 人は自分自身を偽ることはできぬ。（　　）
□ 25 馬の手綱を引き締める。（　　）
□ 26 国の隅々までニュースが伝わる。（　　）

□ 27 局地的に竜巻が発生した。（　　）
□ 28 くやしくて唇*を強くかんだ。（　　）
□ 29 廃れた繁華街の再興を図る。（　　）
□ 30 悔しさに人目を忍んで泣いた。（　　）
□ 31 焼き上がった陶器を窯から出す。（　　）
□ 32 悪を懲らす時代劇を好む。（　　）
□ 33 予算の枠組みがほぼ出来上がった。（　　）
□ 34 先生に薦められた良書です。（　　）
□ 35 トマトの茎に支柱を添える。（　　）
□ 36 吉日に棟上げの祝いをする。（　　）
□ 37 のどかな浦の景色を写生する。（　　）
□ 38 アルバイトで学費を稼ぐ。（　　）
□ 39 両国間の溝*がなくなった。（　　）
□ 40 肺炎を併発する虞がある。（　　）

---

□ 41 興味深く且つ有益な話だった。（　　）
□ 42 資格を得た暁には開業したい。（　　）
□ 43 魚の腐った臭いがする。（　　）
□ 44 漆塗りの重箱におせちを詰める。（　　）
□ 45 時代錯誤も甚だしい。（　　）
□ 46 無理な要求は断固として拒む。（　　）
□ 47 一生を懸けた大事業に取り組む。（　　）
□ 48 昼休みに城の外堀を一周した。（　　）
□ 49 底の厚いブーツを履く。（　　）
□ 50 坂道でぞうりの鼻緒が切れた。（　　）

**ワンポイント**

2 殻を破る＝新しいことの妨げになる古い考えや習慣を打ち破る。
6 繭玉＝正月の飾りもの。
19 坪＝宅地や建物の面積の単位。約三・三平方メートル。
21 泡を食う＝ひどくあわてる。
28 唇をかむ＝くやしさ、腹立たしさなどをおさえる様子。
39 溝＝心持ちのくいちがい。

**漢字力がつく** **訓読み**は、日本語の意味に適した漢字をあてはめたもので、**日本語の訳語**ということができる。

# 6 漢字の読み（訓読み）②

――一つの漢字にはいくつもの読み方がある

よく出る

| 合格 | もう一歩 | がんばれ | 得点 |
| --- | --- | --- | --- |
| (50～35) | (34～26) | (25～ ) | |

● 次の――線の読みをひらがなで、（ ）の中に記せ。

□ 1 新しいスニーカーで靴擦れができた。（ ）

□ 2 鑑賞に堪えるだけの美しい曲だ。（ ）

□ 3 親友をだますなんて嫌だ。（ ）

□ 4 *泥臭い服装が人目を引いた。（ ）

□ 5 クリの渋皮を根気よくむく。（ ）

□ 6 夜になると浜風が薫ってくる。（ ）

□ 7 永遠の友好を誓いあった。（ ）

□ 8 毎年冬には大根を漬ける。（ ）

□ 9 服装を調えて外出する。（ ）

□ 10 料理によく酢を使う。（ ）

□ 11 来賓から祝辞を賜る。（ ）

□ 12 夏の夕方、*蚊柱が立っていた。（ ）

□ 13 拝殿の鈴を鳴らして祈る。（ ）

□ 14 議論が後戻りしたようだ。（ ）

□ 15 入り江に船が避難する。（ ）

□ 16 おおせのとおり謹んで承ります。（ ）

□ 17 研究に十年の歳月を費やした。（ ）

□ 18 飢えた野犬が群れている。（ ）

□ 19 金魚ばちに藻を入れてやる。（ ）

□ 20 胸中に不満が渦巻いている。（ ）

□ 21 *猫舌で熱い食べ物が苦手だ。（ ）

□ 22 家中捜したが見つからない。（ ）

□ 23 敵の術中に陥ってしまった。（ ）

□ 24 下手な猿芝居は見たくない。（ ）

□ 25 祖父は安らかに逝った。（ ）

□ 26 童うたを聴くと郷愁を覚える。（ ）

□ 27 醜い争いを繰り広げる。（　）
□ 28 仲間と酒を酌み交わす。（　）
□ 29 岩を砕いてこなごなにする。（　）
□ 30 小道具として唐傘*を使う。（　）
□ 31 荒縄で材木を縛った。（　）
□ 32 若い世代が新時代の扉を開く。（　）
□ 33 追及の矢面に立たされた。（　）
□ 34 海に突き出た先端を崎という。（　）
□ 35 種まきする前に畝作りをする。（　）
□ 36 極秘の情報も筒抜け*だった。（　）
□ 37 建築材として杉板が使われる。（　）
□ 38 襟足の美しい女性だ。（　）
□ 39 色の釣り合いがとれない。（　）
□ 40 庭に霜が降りた。（　）

---

□ 41 銀の食器を丁寧に磨く。（　）
□ 42 微熱が続くので医者に診てもらう。（　）
□ 43 貝塚から土器の破片が出た。（　）
□ 44 澄んだ声だと褒められた。（　）
□ 45 葬儀で弔いの言葉を述べる。（　）
□ 46 民族紛争は泥沼に陥った。（　）
□ 47 苗床に花木の挿し木をする。（　）
□ 48 岬にカモメが群れている。（　）
□ 49 誓約書に但し書きを添付する。（　）
□ 50 音楽が心の渇きをいやす。（　）

**ワンポイント**

4 泥臭い＝あかぬけせず洗練されてない。
12 蚊柱＝蚊が群がって飛んでいる様子を柱に見立てたもの。
21 猫舌＝熱い物を、冷まさないと飲み食いできない（人）。
30 唐傘＝竹の骨に紙を張り油を塗った雨傘。
36 筒抜け＝計画が、全部もれる。

**漢字力がつく**

**音訓混読語**：訓読するときは全部の字を訓読するのが原則であるが、これは音訓を混ぜて読むもので、重箱《じゅうばこ》読み〔音＋訓→毎朝《まいあさ》〕、湯桶《ゆとう》読み〔訓＋音→大勢《おおぜい》〕がある。

# 7 漢字の読み（訓読み）③

――訓読みには一字の読みが多い

| 合格 |
|---|
| (50〜35) |
| もう一歩 |
| (34〜26) |
| がんばれ |
| (25〜　) |

得点

● 次の――線の読みをひらがなで、（　）の中に記せ。

1 四か国語を自由に操る人だ。（　）
2 鋼のように強じんな肉体の持ち主だ。（　）
3 相手の感情を損ねる言動を慎む。（　）
4 末娘は近郷に嫁いだ。（　）
5 豪雨で川の中州が水につかった。（　）
6 家の周りに垣根を造る。（　）
7 いつ見ても脂ぎった顔をしている。（　）
8 色白で面長の美人だ。（　）
9 湯飲み茶わんの縁が欠けた。（　）
10 沿道に人垣ができる。（　）
11 カラオケで気分を紛らす。（　）
12 甚だ愉快な一日でした。（　）
13 梅雨の時期は食品が傷みやすい。（　）

14 友人に仕事の助太刀を依頼する。*（　）
15 新車を発売すると専らのうわさだ。（　）
16 青い海に白帆が映える。（　）
17 しだれ柳が湖面に映る。（　）
18 江戸に蔵屋敷を設けた。*（　）
19 それは凝り性の人が考えたことだ。（　）
20 辺り一面が炎に包まれた。（　）
21 海水で岸壁に洞穴ができる。（　）
22 二人だけで穏やかに話し合った。（　）
23 わざわざ時間を割いてもらう。（　）
24 山の中腹に棚田が広がる。（　）
25 南の島に幻のちょうを探しに行く。（　）
26 麻糸で織った衣類は涼しい。（　）

□ 27 地震で海岸に津波が押し寄せる。

□ 28 締切りに辛うじて間に合った。

□ 29 *幾重にもおわび申しあげます。

□ 30 幼い妹の子守りをする。

□ 31 大雪で多大な損害を被った。

□ 32 喪服を着て式に参列する。

□ 33 品物のご注文を承ります。

□ 34 将来を見据えた企画だ。

□ 35 あぜ道で蛇を見つけた。

□ 36 取引先と契約書を交わす。

□ 37 小刀の刃先がこぼれる。

□ 38 拙い私ではございますが。

□ 39 賞賛に値する行為だ。

□ 40 己の信念を貫き通した。

□ 41 終始和やかに語り合った。

□ 42 *氏より育ちとよくいわれる。

□ 43 名店の看板に偽りはなかった。

□ 44 ご飯を軟らかく炊く。

□ 45 心が癒やされる音楽だ。

□ 46 大きなあやまちを犯した。

□ 47 絹の肌着を身に着ける。

□ 48 昼をも欺く月の光だ。

□ 49 大切な書類を*血眼で探し回る。

□ 50 米の量を一合升で量る。

**ワンポイント**

14 助太刀＝あだうちなどを助けること、また助ける人。

18 蔵屋敷＝大名が江戸・大阪などに設けた倉庫。

29 幾重にも＝何度もくり返して。

42 氏より育ち＝人間形成には家柄よりも育った環境が大事。

49 血眼で＝夢中になり、ほかのことも忘れて。

**漢字力がつく**

**音訓併読語**…「水車（スイシャ・みずぐるま）」「人事（ジンジ・ひとごと）」のように、音訓両様に読むことができるもの。読み方によって意味がちがう場合もあるので、文全体から読み方を判断しよう。

## 8 漢字の読み（熟字訓・当て字）

――熟語として広く使われる特別な読みにも慣れよう

| 合格 | もう一歩 | がんばれ |
|---|---|---|
| (50〜35) | (34〜26) | (25〜　) |

得点

● 次の――線の読みをひらがなで、（　）の中に記せ。

1 早苗を植える時期になった。（　　）
2 芝生に寝転んで空を仰ぐ。（　　）
3 テレビで相撲を観戦する。（　　）
4 心地よい音楽が流れてきた。（　　）
5 明日の日和を予想する。（　　）
6 五月雨を集めて早し最上川（　　）
7 一人息子を自慢する。（　　）
8 気温が高く雪山に雪崩が起きた。（　　）
9 凸凹の山道を登る。（　　）
10 船が波止場に停泊している。（　　）
11 最近、父は白髪が目立つ。（　　）
12 梅雨明けの空がまぶしい。（　　）
13 寝不足続きでは仕事に差し支える。（　　）
14 小豆の入ったおかゆを食べる。（　　）
15 伯父さんが外国から帰国する。（　　）
16 兄に比べて弟は意気地がない。（　　）
17 秋は果物がおいしい季節である。（　　）
18 上手に解決する方法を探る。（　　）
19 真新しい足袋を履く。（　　）
20 いつも笑顔で来客に接する。（　　）
21 料理は玄人はだしの腕前だ。（　　）
22 若人の集いに参加する。（　　）
23 火口の付近は硫黄のにおいが漂う。（　　）
24 竹刀を持って素振りをする。（　　）
25 庭に砂利を敷きつめる。（　　）
26 山頂からの景色に感動した。（　　）

□ 27 家族で田舎の温泉に行った。

□ 28 乙女たちの歌声が聞こえてくる。

□ 29 旅の土産に絵葉書を買う。

□ 30 海水浴場では草履が重宝だ。

□ 31 児童に七夕の伝説を聞かせる。

□ 32 デパートで幼児が迷子になる。

□ 33 風邪によく効く薬です。

□ 34 外はものすごい吹雪だった。

□ 35 いつまでも名残が尽きない。

□ 36 為替相場は安定している。

□ 37 道路拡張のために立ち退く。

□ 38 叔父さんの家に下宿する。

□ 39 乳母車を押していく。

□ 40 大海原に乗り出す。

□ 41 木綿の服を着る。

□ 42 家出をしてから行方がつかめない。

□ 43 二十歳の記念に写真を撮った。

□ 44 台本を仮名と漢字で書く。

□ 45 お巡りさんに道をたずねる。

□ 46 とても太刀打ちできない相手だ。

□ 47 彼女は三歳から三味線を習った。

□ 48 優美な大和ことばで歌をよむ。

□ 49 最寄りの駅まで全力で走る。

□ 50 今年も時雨の季節になった。

**ワンポイント**

**● いろいろな読みがある漢字**（常用漢字表による）

〔女〕 少女（しょうじょ）
天女（てんにょ）・女神（めがみ）
女房（にょうぼう）
女心（おんなごころ）

〔人〕 仲人（なこうど）
大人（おとな）・一人（ひとり）

〔母〕 母屋・母家（おもや）
お母（かあ）さん・伯母（おば）

**漢字力がつく**

**熟字訓**は漢字二字以上で構成されて、その読み方を一字一字の音訓として分けることができないもので、常用漢字音訓表には付表としてあげてある。（明日《あす》・眼鏡《めがね》・時計《とけい》など）

# 9 書き取り（音読み）①

——書き取りでも準2級配当の漢字が出題される

よく出る

| | |
|---|---|
| 合格 | (50〜35) |
| もう一歩 | (34〜26) |
| がんばれ | (25〜　) |

得点

● 次の——線のカタカナを漢字に直して、（　）の中に記せ。

□ 1 この作品は有名画家のアリュウだ。（　）
□ 2 彼はアンイツをむさぼっている。（　）
□ 3 他人の意見にゲイゴウ*するな。（　）
□ 4 若者の主張にキョウメイする。（　）
□ 5 肥料が土壌にシントウする。（　）
□ 6 エイリなナイフを使って工作した。（　）
□ 7 歴史にフキュウの名を残した。（　）
□ 8 隣の工場のソウオンは耐えがたい。（　）
□ 9 不法コウイにより処罰された。（　）
□ 10 キョウアク事件が続発している。（　）
□ 11 フランス文学にケイトウ*している。（　）
□ 12 コンイン届を役所に提出した。（　）
□ 13 詩はインブンに分類される。（　）

□ 14 雑誌のケンショウに応募する。（　）
□ 15 何度か経験をしメンエキになった。（　）
□ 16 無関係な事だとボウカンしていた。（　）
□ 17 突然の難題にコンワクしている。（　）
□ 18 彼はフクツの精神の持ち主だ。（　）
□ 19 事件のケイイが明らかになった。（　）
□ 20 リンチにマンションが建つ。（　）
□ 21 全世界に運動がハキュウ*していった。（　）
□ 22 スンカを惜しんで研究を続ける。（　）
□ 23 博士にはガンチク*のある言葉が多い。（　）
□ 24 山奥の明け方のセイジャクが好きだ。（　）
□ 25 外国の王子にエッケンする。（　）
□ 26 二人はケンエンの仲という話だ。（　）

27 表面にはオウトツがある。
28 カチュウの人物に取材を試みる。
29 後でショウサイに説明します。
30 二人はキョクタンに性格が異なる。
31 記録のコウシンを目指す。
32 感謝状のジュヨ式に出席した。
33 育児キュウカを申請する。
34 前後のミャクラクを欠いた話だ。
35 従来のやり方をトウシュウする。
36 敵方のカンシを続ける。
37 ヒボンな才能の持ち主だ。
38 思わぬカンタイを受けて感動する。
39 サイカに見舞われ助けを求める。
40 ダンガイ裁判が行われた。

41 ぶた肉にはシボウ分が多い。
42 世界のコウキュウ平和を祈念する。
43 *タンネンに調べた結果を報告する。
44 大雪で滑走路がヘイサされた。
45 タクサンの土産を買う。
46 検察官のきびしいジンモンが始まる。
47 古典舞踊がユウガに演じられた。
48 仕事にボットウする毎日だ。
49 恩師にキンキョウを知らせる。
50 難関を*シュビよく突破した。

**ワンポイント**

3ゲイゴウ＝人のきげんをとること。
11ケイトウ＝心からしたうこと。夢中になること。
21ハキュウ＝つぎつぎと、範囲や影響が広がっていくこと。
23ガンチク＝意味が深くて味わいのあること。
43タンネン＝まごころを込めて念入りにする様子。
50シュビよく＝うまいぐあいに。

**漢字力がつく** 漢字は、手で書いていくうちに覚えていくものである。実際に手を動かして、何度も**書き取りの練習**をすることが大切である。

# 10 書き取り（音読み）②

一点一画をおろそかにせず、楷書《かいしょ》ではっきり書こう

よく出る

| 合格 | もう一歩 | がんばれ |
|---|---|---|
| (50〜35) | (34〜26) | (25〜　) |

得点

● 次の――線のカタカナを漢字に直して、（　）の中に記せ。

□ 1 不正が見つかり**テキハツ**される。
□ 2 心理**ビョウシャ**の細かい文章だ。
□ 3 その話は**カブン**にして知らない。
□ 4 **ユウカイ**犯を捕まえる。
□ 5 両者を**ヒカク**して選ぶ。
□ 6 **シュウトウ**な登山計画を立てる。
□ 7 互いに**エンリョ**のいらない仲だ。
□ 8 **シンチョウ**な方針で臨む。
□ 9 新年に当たって**ホウフ**を述べた。
□ 10 **カイチュウ**時計を譲り受ける。
□ 11 不正行為を**ダンガイ**する。
□ 12 芸能界では*__イサイ__*を放っている。
□ 13 苦しい心境を親友に*__トロ__*した。
□ 14 残された犯人の**シモン**と一致した。
□ 15 鉱石の**サイクツ**現場を見学する。
□ 16 生産力が**ヒヤク**的に向上した。
□ 17 時々*__キバツ__*な言動をとる。
□ 18 **ショウガイ**を同じ土地で過ごした。
□ 19 事件の**カクシン**に迫る。
□ 20 **カンゲン**にのらぬよう気をつける。
□ 21 政界*__クッシ__*の実力者である。
□ 22 紙面の関係で一部**カツアイ**します。
□ 23 かにやえびなどの**コウカク**類。
□ 24 牙をむいて**イカク**してきた。
□ 25 難問を**ソクザ**に処理する。
□ 26 **ヒフ**をいつも清潔にしている。

□ 27 一挙に不満が**フンシュツ**した。

□ 28 **トウトツ**な質問にとまどう。

□ 29 **ビョウトウ**には消灯時間がある。

□ 30 **ナンタイ**動物の生態を調べる。

□ 31 不正行為は**モクニン**できない。

□ 32 室内の**ソウショク**に凝る。

□ 33 豊かな自然の**オンケイ**を受ける。

□ 34 両国の和解に**チュウカイ**の労をとる。

□ 35 *テンプ*の才能が感じられる。

□ 36 大気**オセン**が進んでいる。

□ 37 全国大会で春夏**レンパ**を成し遂げる。

□ 38 庭の植物を**ハチ**に移す。

□ 39 戦火の**キョウフ**からまぬかれた。

□ 40 夏場は食べ物が**フハイ**しやすい。

□ 41 現状**イジ**で満足してはいけない。

□ 42 すぐだれかに頼る**ケイコウ**がある。

□ 43 **ケンジツ**な経営を受け継ぐ。

□ 44 町の産業の**シンコウ**をはかる。

□ 45 弁護側の主張は*キャッカ*された。

□ 46 ついに宿敵を**ダトウ**した。

□ 47 チームは**テッペキ**の守備を誇る。

□ 48 鉄分の**ガンユウ**量を調べる。

□ 49 会議は**ボウトウ**から紛糾した。

□ 50 歓声が選手の士気を*コブ*する。

**ワンポイント**

12イサイを放つ＝それだけがすぐれてみえる。
13トロ＝自分の意見、気持ちなどを隠さずに述べること。
17キバツ＝風変わりな様子。
21クッシ＝多くのものの中で特にすぐれている。
35テンプ＝生まれつき。
45キャッカ＝申し立てを退ける。
50コブ＝元気づけ、はげます。

**漢字力がつく**

まず、内容を正確にとらえ、それぞれの熟語の意味を理解し、文脈から判断してどんな漢字を書くのがいいかを考える。

# 11 書き取り（音読み）③

——書き取り問題は配点が高い

よく出る

| 合　格 |
| --- |
| (50〜35) |
| もう一歩 |
| (34〜26) |
| がんばれ |
| (25〜　) |
| 得点 |

● 次の——線のカタカナを漢字に直して、（　）の中に記せ。

□ 1 力強いヒッチで書き上げた。（　）
□ 2 世界的なイギョウを達成する。（　）
□ 3 新規事業に成功しヤクシンを遂げた。（　）
□ 4 議席の過半数をカクトクする。（　）
□ 5 学校の放送部にカンユウされる。（　）
□ 6 ここでのキツエンは禁じられている。（　）
□ 7 バクゼンとした質問には答えない。（　）
□ 8 現状をハアクしなければならない。（　）
□ 9 シガイ線から肌を守る。（　）
□ 10 失敗がよいシゲキになった。（　）
□ 11 冬は空気がカンソウしている。（　）
□ 12 太っ腹でゴウホウな性格だ。（　）
□ 13 オクソクだけで判断するな。（　）

□ 14 議員定数のゼセイを求める。（　）
□ 15 容疑者をどこまでもツイセキする。（　）
□ 16 優勝者にヒッテキ＊する実力がある。（　）
□ 17 両親をフヨウ＊している。（　）
□ 18 恐ろしさのあまりゼッキョウした。（　）
□ 19 野菜の害虫をクジョする。（　）
□ 20 ブジョクされて怒りを覚える。（　）
□ 21 ごみをハイキ処分する。（　）
□ 22 ホゲイ船が港を出る。（　）
□ 23 地検はキソにふみきった。（　）
□ 24 車どうしのセッショク事故があった。（　）
□ 25 両国の武力衝突はカイヒされた。（　）
□ 26 規則イハンで注意を受けた。（　）

□ 27 彼の話は**コチョウ**が多すぎる。（　　　）

□ 28 支援活動の**シュシ**に賛同します。（　　　）

□ 29 ＊**ケイハク**な言動は許せない。（　　　）

□ 30 手紙を届けるよう**イライ**された。（　　　）

□ 31 試合前の選手を**ゲキレイ**する。（　　　）

□ 32 心身ともに**ヒヘイ**している。（　　　）

□ 33 **フヘン**的な特徴を考える。（　　　）

□ 34 **モウジュウ**に近づいてはいけない。（　　　）

□ 35 彼は**ジュウドウ**三段の腕前だ。（　　　）

□ 36 採点結果を**ブンセキ**する。（　　　）

□ 37 全身をばねにして**チョウヤク**する。（　　　）

□ 38 火災で本堂を**ショウシツ**した。（　　　）

□ 39 前に聞いた話と**ムジュン**している。（　　　）

□ 40 窓からの**ビフウ**が心地よい。（　　　）

---

□ 41 ＊**チセツ**な文章を修正する。（　　　）

□ 42 大雨で床下まで**シンスイ**する。（　　　）

□ 43 商品の**ジュヨウ**を計算する。（　　　）

□ 44 美しい**センリツ**に耳を傾ける。（　　　）

□ 45 **ジュウジツ**した一日を過ごす。（　　　）

□ 46 考えたことを＊**ジッセン**する。（　　　）

□ 47 **シユウ**一対で虫を飼う。（　　　）

□ 48 気になる部分を＊**タンテキ**に示す。（　　　）

□ 49 十月**ジョウジュン**までに仕上げる。（　　　）

□ 50 思い通りにならず、**クノウ**する。（　　　）

**ワンポイント**

16 ヒッテキ＝ちょうど同じぐらいで、つりあうこと。
17 フヨウ＝助けやしなうこと。生活の面倒を見ること。
29 ケイハク＝態度に重みや慎重さがなく、軽々しいさま。
41 チセツ＝へたなこと。
46 ジッセン＝行うこと。
48 タンテキ＝手早く要点をとらえているさま。

**漢字力がつく** 同音異義語に注意する。それぞれの熟語の意味を十分理解しておくこと。

# 12 書き取り（訓読み）①

——同訓異字に注意して語いを豊かにしよう

よく出る

| 合格 | もう一歩 | がんばれ |
|---|---|---|
| (50〜35) | (34〜26) | (25〜　) |

得点

● 次の——線のカタカナを漢字に直して、（　）の中に記せ。

□ 1 書類を差し**モド**す。（　）
□ 2 にんじんが**キラ**い。（　）
□ 3 森でかぶと虫を**ツカ**まえてきた。（　）
□ 4 裁判所に**ウッタ**えを起こした。（　）
□ 5 すぐ職場に**ト**＊け込むことができた。（　）
□ 6 とても**イソガ**しい毎日を過ごす。（　）
□ 7 契約書を取り**カ**わした。（　）
□ 8 町の美化に力を**ツ**くしている。（　）
□ 9 急いで駅まで**カ**＊けつけた。（　）
□ 10 明日は**ウカガ**うことができません。（　）
□ 11 話がだんだん**ニ**詰まってきた。（　）
□ 12 **ワズラ**わしい仕事を先に片付ける。（　）
□ 13 包丁の**ハ**を研ぐ。（　）

□ 14 家の**カキネ**を整える。（　）
□ 15 動物園に**サル**を見に行った。（　）
□ 16 **ワコウド**の祭典が開催された。（　）
□ 17 旅先で幼なじみと**メグ**りあった。（　）
□ 18 国境を**オカ**＊す人かげが見えた。（　）
□ 19 空には**アワ**い雲が浮かんでいる。（　）
□ 20 展覧会の期日が**セマ**ってきた。（　）
□ 21 名誉博士の称号を**オク**＊られた。（　）
□ 22 **カゲグチ**をたたいて嫌われた。（　）
□ 23 **コ**い味の食べ物が好きだ。（　）
□ 24 穏やかな**モノゴシ**で応対する。（　）
□ 25 **ドロナワ**式の対応ではだめだ。（　）
□ 26 悲しみに**クチビル**をふるわせる。（　）

27 畑の**ウネ**を耕す。

28 基本的な**ワクグ**みを決める。

29 **セタケ**が伸びる年ごろだ。

30 新しい**タタミ**のにおいが好きです。

31 池の**フチ**に座って休憩する。

32 別れに**ナミダ**を浮かべる。

33 食料品も取り**アツカ**っています。

34 何事も**カク**すことなく打ち明けた。

35 内緒話を**ヌス**み聞きした。

36 相手のゴール前に**セ***め込んだ。

37 肩の力を**ヌ**いて試合に臨む。

38 受賞の喜びに**ワ**き立つ。

39 **ハナハ**だしい間違いだ。

40 新たな歴史の**トビラ**を開く。

41 古老の体験談に耳を**カタム**ける。

42 眠気と**タタカ***って勉強を続ける。

43 **トナリ**近所の付き合いは大切だ。

44 **コヨミ**の上での夏は早い。

45 世界に**ホコ**る文化遺産だ。

46 祖母に**アマ**やかされて育った。

47 ぜんそく気味で息づかいが**アラ***い。

48 素直に**オノレ**の非を認めた。

49 対戦相手をマットに**シズ***めた。

50 放置自転車が歩道を**セバ**めている。

**ワンポイント**

5 トける→溶ける・解ける
9 カける→駆ける・懸ける・掛ける・欠ける・書ける・架ける
18 オカす→侵す・冒す・犯す
21 オクる→贈る・送る

36 セめる→攻める・責める
42 タタカう→闘う・戦う
47 アラい→荒い・粗い
49 シズめる→沈める・鎮める・静める

**漢字力がつく**

**同訓異字**に注意する。「ハカル（計・測・量・図・諮）」のように異なる字がいくつもあり、その意味のちがいが微妙な場合もあるので気をつける。「**ワンポイント**」参照。

# 13 書き取り（訓読み）②

―同じ発音の言葉でも、送りがなで区別される

よく出る

| 合格 | もう一歩 | がんばれ |
|---|---|---|
| (50〜35) | (34〜26) | (25〜　) |

得点

● 次の――線のカタカナを漢字に直して、（　）の中に記せ。

1 ひとふろ浴びてツカれをいやす。（　）
2 見事に外国語をアヤツる。（　）
3 急な出費を貯金でマカナう。（　）
4 危険な行いをやめるようサトす。（　）
5 手に汗をニギる熱戦だった。（　）
6 お気にメす品がございましたか。（　）
7 気が高ぶって声がフルえた。（　）
8 寒さもやっと峠をコしたようだ。（　）
9 花はちょうどサカりを迎えた。（　）
10 生クリームをアワ立てる。（　）
11 作品の出来をホめる。（　）
12 色物の服をカゲボしにする。（　）
13 オウギのかなめの役割を果たす。（　）

14 りんごをハコヅめにして送ります。（　）
15 型は古いが性能はオトらない。（　）
16 ぞうきんで床をミガく。（　）
17 ここからミサキの灯台が見える。（　）
18 肉料理に野菜をソえる。（　）
19 カタクルしい雰囲気が漂っていた。（　）
20 旅行の出発日をクり延べる。（　）
21 お盆には祖先の霊をトムラう。（　）
22 新しい分野の研究にイドむ。（　）
23 商売上手で財産をフやす。*（　）
24 急に睡魔がオソってきた。（　）
25 そろそろ親バナれの時期だ。（　）
26 スルドい洞察力を持っている。（　）

27 友の安否をキヅカう。
28 研究がカベに突き当たる。
29 危険をオカして作業にあたる。
30 非行の芽を早めにツみとる。*
31 悪人をコらしめる。
32 土地は一ツボいくらで売買される。
33 台風で古い建物がコワれた。
34 深夜の電話にムナサワぎがした。
35 川の水が少しニゴっている。
36 音楽の才能にメグまれる。
37 近所の川で大物をツった。
38 ホラ穴の中を探検する。
39 取引に仲介の労をトってもらう。*
40 調理のウデマエは一流です。

41 階段のオドり場でしゃべっていた。
42 交通事故で損害をコウムった。
43 ヌいだ服をハンガーにかける。
44 谷川の清流に足をヒタす。
45 この容器は高温にタえられる。*
46 場数をフんで度胸をつける。
47 岩が地面からツき出ている。*
48 旅行にはカえ着を持っていく。*
49 エガオの美しい女性だ。
50 死にものグルいで頑張った。

**ワンポイント**

23 フやす→殖やす・増やす
30 ツむ→摘む・積む・詰む
39 トる→執る・取る・採る・捕る・撮る
45 タえる→耐える・堪える・絶える
47 ツく→突く・尽く・付く・着く・就く
48 カえる→替える・変える・買える・代える・換える・飼える

**漢字力がつく**

読むことはできても、書くことができない漢字は多い。**その言葉にあう正しい漢字**を正確に書くことができるかどうかが、漢字能力の真の実力を測るバロメーターになる。

# 14 書き取り（訓読み）③

――準2級配当の漢字に注意

よく出る

| | |
|---|---|
| 合格 | (50〜35) |
| もう一歩 | (34〜26) |
| がんばれ | (25〜 ) |
| 得点 | |

● 次の――線のカタカナを漢字に直して、（ ）の中に記せ。

□ 1 どこまでもスみ切った青空だ。（ ）
□ 2 ノキサキにつばめが巣を作っている。（ ）
□ 3 少女の顔にハじらいの色が見えた。（ ）
□ 4 発車のベルが鳴りヒビいた。（ ）
□ 5 海岸に打ち寄せた波がクダける。（ ）
□ 6 料理にスを入れる。（ ）
□ 7 音楽を聴くと心がイやされる。（ ）
□ 8 オキアイで漁が行われる。（ ）
□ 9 電車にカサを忘れる。（ ）
□ 10 帯をフタエに回して結ぶ。（ ）
□ 11 心をコめて大作を完成した。（ ）
□ 12 他人のソラニとはこのことだ。（ ）
□ 13 この犬は少し反応がニブいようだ。（ ）

□ 14 流星が夜空をナナめに横切った。（ ）
□ 15 代金はフリカエでお願いします。（ ）
□ 16 故人の遺志を受けツぐ。（ ）
□ 17 再び失敗しないようにイマシめた。（ ）
□ 18 山に入ってウルシにかぶれる。（ ）
□ 19 緊張してアブラアセを流す。（ ）
□ 20 取引先の意向をタズねる。（ ）
□ 21 今場所の優勝力士をウラナう。（ ）
□ 22 選手の一人がゴール目前でタオれた。（ ）
□ 23 腹痛で医者にミ*てもらった。（ ）
□ 24 出題分野をオし測る。（ ）
□ 25 ヌマには水草が群生している。（ ）
□ 26 梅花カオるよい季節になりました。（ ）

□ 27 終生の師と**アオ**ぐ先生に出会った。（　　　）
□ 28 **ヒトカゲ**が絶えた深夜の道を歩く。（　　　）
□ 29 巧みな話術に**アザム**かれた。（　　　）
□ 30 新年を迎え、**チカ**いを立てる。（　　　）
□ 31 最近の世相はまったく**ナゲ**かわしい。（　　　）
□ 32 増税分が消費者に**ハ**ね返ってくる。（　　　）
□ 33 **ツタナ**い文字を直される。（　　　）
□ 34 世の中の流行に**ウト**い。（　　　）
□ 35 **オモムキ**のある建物を訪ねる。（　　　）
□ 36 父は冬の間**デカセ**ぎに出る。（　　　）
□ 37 相手チームを**アナド**ってはだめだ。（　　　）
□ 38 追及の**ホコサキ**をうまくかわした。（　　　）
□ 39 急に**オオツブ**の雨が降り出した。（　　　）
□ 40 **キタナ**い金に手を出すな。（　　　）

---

□ 41 買ってきた花を花瓶に**サ***す。（　　　）
□ 42 湖の**ヒガタ**に鳥が集まる。（　　　）
□ 43 **カイガラ**の首飾り。（　　　）
□ 44 事件の犯人を**サガ***す。（　　　）
□ 45 親類が亡くなり**モ**に服す。（　　　）
□ 46 寒い朝には**シモ**が降りる。（　　　）
□ 47 罪を**オカ***してはならない。（　　　）
□ 48 取引相手の国に使者を**ツカ***わす。（　　　）
□ 49 急いで宿題を**ス***ます。（　　　）
□ 50 切手の代金を**ハラ**う。（　　　）

**ワンポイント**

23 ミる→見る・診る
41 サす→刺す・挿す・差す・指す
44 サガす→捜す・探す

47 オカす→犯す・侵す・冒す
48 ツカわす→使わす・遣わす
49 スます→済ます・澄ます

**漢字力がつく** 文脈による使い分けができるように、それぞれの漢字の意味をおさえておく。

# 15 書き取り（同音・同訓異字）①

——同音異字は熟語の一部として出題される

| 合格 |
|---|
| (50〜35) |
| もう一歩 |
| (34〜26) |
| がんばれ |
| (25〜　) |

得点

● 次の——線のカタカナを漢字に直せ。

□ 1 弟は気のアラいところがある。
□ 2 帰宅したら手をアラう。
□ 3 試験に向けてモウ烈に勉強する。
□ 4 あらゆる情報をモウ羅する。
□ 5 ソク戦力を期待されている。
□ 6 毎日、時間にソク縛される。
□ 7 父は特チョウのある顔立ちをしている。
□ 8 助走をつけてチョウ躍する。
□ 9 父は財産をフやすことに熱心だ。
□ 10 守備の人数をフやす。
□ 11 祖父の趣味はボン栽だ。
□ 12 ボン庸な作品ばかりだ。
□ 13 経済の発テンに期待する。
□ 14 急いでテン付資料を送る。

□ 15 責任を他の人にオしつける。
□ 16 学級委員にオされる。
□ 17 目標を達成するには忍タイ力が必要だ。
□ 18 代タイのバスが運行される。
□ 19 法律にテイ触する。
□ 20 問題をテイ起する。
□ 21 オゾン層が破カイされる。
□ 22 今年のカイ勤賞は二人だった。
□ 23 スました顔で立ち去った。
□ 24 もう宿題はスませた。
□ 25 夕べは興フンして眠れなかった。
□ 26 十年ぶりに火山がフン火した。
□ 27 勝利を喜ぶカン声が上がった。
□ 28 冬は空気がカン燥している。

29 今年の文化祭の出し物は演ゲキだ。
30 攻ゲキは最大の防御だ。
31 やっと合格ケン内に入った。
32 彼のケン守が光った試合だ。
33 犯行にはエイ利な刃物が使われた。
34 食品のエイ生管理を徹底する。
35 環境汚センが問題になる。
36 クラスの人気を独センする。
37 キ何学模様を描く。
38 家族の幸せをキ願する。
39 品物を袋にツめる。
40 茶の新芽をツむ。
41 遺セキの調査を行う。
42 仕事の失敗で叱セキを受けた。

43 企業の会計カン査を行う。
44 すべてが悪循カンになる。
45 後ろから追いヌく。
46 暑いので服をヌぐ。
47 あちこちで連サ反応を引きおこす。
48 それぞれの商品のサ別化を図る。
49 あまりの恐怖に絶キョウする。
50 この曲は多くの人々に影キョウを与えた。

**ワンポイント**

**●同音・同訓異字の書き取りを攻略する**

巻末の配当漢字表や漢和辞典などを利用して、同音・同訓の漢字にどのようなものがあるか調べておくこと。また、それぞれの漢字が使われる主な言葉やその意味についてもあらかじめ学習し、使い分けができるようにする。

例えば、「ソナえる」という言葉については、「備・供」などの漢字が考えられるが、前後の文脈とそれぞれの漢字の意味によってどちらを用いるかが決まることになる。

**漢字力がつく**

漢字には同音の漢字が多いことから、漢字を二つ組み合わせた熟語になっても、「カンショウ」（干渉・観賞・鑑賞・感傷……）のように**全く同音の熟語（同音異義語）**が数多く存在する。

# 16 書き取り（同音・同訓異字）②

―同音・同訓異字問題は漢字のバロメーター―

| 合格 | もう一歩 | がんばれ |
| --- | --- | --- |
| (50〜35) | (34〜26) | (25〜　) |

得点

● 次の――線のカタカナを漢字に直せ。

□ 1 卒業式をトリ行う。
□ 2 クラス全員の写真をトる。
□ 3 レイ峰富士は世界文化遺産に登録された。
□ 4 華レイなダンスで観客を魅了する。
□ 5 なかなかヒ労が取れない。
□ 6 ヒ害者の身元を調べる。
□ 7 ガン蓄のある言葉に聞き入る。
□ 8 弾ガンのように走る。
□ 9 平等の扱いをノゾむ。
□ 10 富士山をノゾむ展望台。
□ 11 かなりのサイ月がたつ。
□ 12 提出する書類の体サイを整える。
□ 13 世界の屋根をセイ服する。
□ 14 セイ名を明らかにする。
□ 15 毎朝ラジオ体ソウをする。
□ 16 ちょっとしたことでソウ動が起こる。
□ 17 新センな魚を料理する。
□ 18 セン風機をかける。
□ 19 容疑者が雑トウにまぎれる。
□ 20 うわさは世間に浸トウしている。
□ 21 投書が新聞に掲サイされる。
□ 22 彼の色サイ感覚はすばらしい。
□ 23 趣味と実益をカねている。
□ 24 不安にカられる。
□ 25 予想外の苦戦をシいられる。
□ 26 賛成が過半数をシめる。
□ 27 大雨が続き、地バンが緩む。
□ 28 バン障お繰り合わせの上ご出席ください。

□29 防波テイに波が打ち寄せる。（　　）

□30 幸いにも傷のテイ度は軽い。（　　）

□31 ピアノ曲を演ソウする。（　　）

□32 禅ソウの説話を聞く。（　　）

□33 お遊ギの時間にかくれんぼをする。（　　）

□34 地球ギを回す。（　　）

□35 自国のハン栄を祈る。（　　）

□36 試験ハン囲を確認する。（　　）

□37 ショウ害を乗り越えて人は成長する。（　　）

□38 ショウ来に希望を持って生きる。（　　）

□39 地元の政治家が起ソされた。（　　）

□40 いざというときのために平ソから備える。（　　）

□41 チ辱に堪えねばならなかった。（　　）

□42 みんなの考えが一チした。（　　）

□43 意見を述べたが、すべてキャッ下された。（　　）

□44 今回の試合で彼は一躍キャッ光を浴びた。（　　）

□45 キョ大ないん石が落下してきた。（　　）

□46 主張の根キョを示してほしい。（　　）

□47 ようやく先生からキュウ第点をもらった。（　　）

□48 この作品は不キュウの名作だと思う。（　　）

□49 本の紙フクには限りがある。（　　）

□50 フク蔵なくすべてを話してほしい。（　　）

ワンポイント

**●漢字力が試される**

異なる漢字でも同じ訓読みの漢字はたくさんある。例えば「はかる」と読む漢字は、「測、諮、図、量、計」などがあり、それぞれ使い分けが必要である。

そのためには、読みを知るだけでなく、その漢字の**意味や使われ方**まで把握しておかなくてはならない。つまり、漢字全般の理解、総合的な漢字力が試されることになる。

**漢字力がつく**

漢字を覚えるときは、必ず意味も覚えておこう。カエル・タツ・ハカル・トル・シズマルなどがよく出題されている。

# 17 書き取り（同音・同訓異字）③

――文脈を読み取って解答の見当をつけよう

| | |
|---|---|
| 合格 | (50〜35) |
| もう一歩 | (34〜26) |
| がんばれ | (25〜　) |

得点

● 次の――線のカタカナを漢字に直せ。

□1 時代のチョウ流を読むことは難しい。
□2 地方税をチョウ収する。

□3 キョウ悪な犯罪が多発する。
□4 苦しいキョウ遇に身を置く。

□5 情報をコウ新する。
□6 必要事コウを用紙に記入する。

□7 世界のチン味を食する。
□8 チームが敗れ、チン痛な面持ちになる。

□9 祖父の怒りにフれてしまった。
□10 コンパスの針がフれる。

□11 子供用のボウ子を探す。
□12 今月はずっと多ボウだ。

□13 来年のホウ負を述べる。
□14 相手のホウ復に警戒する。

□15 カキの実がウれて赤くなる。
□16 試合に勝ってチーム全員がウかれていた。

□17 場合に応じてジュウ軟に対応する。
□18 猛ジュウの飼育には、注意を払う必要がある。

□19 食塩を水にヨウ解させる。
□20 日本舞ヨウの教室に通う。

□21 体力をイ持するのはなかなか大変だ。
□22 イ人の伝記を読む。

□23 友人とテストの点数を比カクする。
□24 高い評価をカク得する。

□25 学年トップにヒッ敵する成績だった。
□26 先生が話されていることをヒッ記する。

□27 文章の論シを読み取る。
□28 相手と名シを交換する。

□29 組織の**イン**謀を暴く。
□30 祖父は今や**イン**居の身だ。

□31 訪問先で茶**カ**をいただく。
□32 旅行に持って行く物を**カ**条書きにする。

□33 不可解な出来事に**コン**惑してしまった。
□34 結**コン**は両性の合意のみに基づく。

□35 神父は神に**ツカ**える。
□36 事件の犯人を**ツカ**まえる。

□37 **キン**勉な彼を見習おう。
□38 **キン**等に仕事を割り振る。

□39 誘拐事件の報道に紙面を**サ**く。
□40 手にかばんを**サ**げる。

□41 線路の**フ**設工事は中止された。
□42 **フ**遍的にあてはまる原則を見つける。

□43 **マン**心が原因で負ける。
□44 注意が散**マン**になるとミスをしやすい。

□45 最近の出題**ケイ**向を分析する。
□46 経済発展の恩**ケイ**に浴する。

□47 間違いが許されないので**ケン**実に進める。
□48 集まった生徒に**ケン**道を教える。

□49 悪い仲間同士で**ム**れる。
□50 夏は足が**ム**れやすい。

ワンポイント

**●意味のちがいを理解して覚える**

例えば、「タイショウ」という言葉は「対象、対照、対称」などの書き方があり、それぞれの意味は異なる。

・対象―行為が向けられる相手、目標。
・対照―照らし合わせること。はっきりしたちがい。
・対称―つりあうこと。

このようなちがいがあるので、それぞれの漢字の意味を理解した上で文脈に沿って使い分ける。

**漢字力がつく**

同音の漢字や熟語、同訓の漢字や単語を、きちんと使い分けるには、同音・同訓の漢字・熟語を並べて整理し、**比較しながら覚えていく**とよい。

# 18 書き取り（誤字訂正）①

——誤字をみつけるには、熟語を確実に覚える

合格（40〜28）
もう一歩（27〜21）
がんばれ（20〜　）
得点

● 次の各文にまちがって使われている同じ音訓の漢字が一字ある。上の〔　〕に誤字を、下の（　）に正しい漢字を記せ。

□ 1 わが国の次世代人口の減少が、今後に多大な影況を及ぼすことは必至だ。〔　〕（　）

□ 2 老婦人の温好な人柄は老人ホームの介護者からも慕われている。〔　〕（　）

□ 3 野生の動物を許可なく保獲することは諸外国でも禁じられている。〔　〕（　）

□ 4 日本人の平均寿命は過去最長で、委然として女性の長寿が目立つ。〔　〕（　）

□ 5 外観や内装よりも構造を優先し、耐震性の高い頑錠な住宅を購入した。〔　〕（　）

□ 6 環境汚染は地球の生態系をそこない人類の生存基板をおびやかす。〔　〕（　）

□ 7 携帯電話の著しい普久に伴い、固定電話の契約件数が減少している。〔　〕（　）

□ 8 日本の地形は起伏に富み山地の面積は国土の大半を締める。〔　〕（　）

□ 9 水温の上昇や水質の悪化で世界のサンゴ礁の約半分は解滅の危機にある。〔　〕（　）

□ 10 生死を左右する救急医療には瞬時の判断と医学知識が不可決だ。〔　〕（　）

---

□ 11 再生紙に対する認識が社会に伸透し、教科書にも使われるようになった。〔　〕（　）

□ 12 初めての土地を訪れると、軽い不安感が肢激となり、脳が活性化する。〔　〕（　）

□ 13 原子力発電所には特に高水準の耐振強度を確保することが要求される。〔　〕（　）

□ 14 森林伐裁の時に流出した土壌で海が汚染されサンゴ礁が危機に陥る。〔　〕（　）

□ 15 遭難者の救助に地元山岳会の人達は吹雪を犯して出動した。〔　〕（　）

□ 16 介護に人手を要し、家庭に負端がかかる病気に対し公的援助がある。〔　〕（　）

□ 17 晩秋の山は空気も済み、紅葉と空の色との対比が絶妙である。〔　〕（　）

□ 18 憂慮される食糧危機に対応して北海道に米を微蓄する構想がある。〔　〕（　）

□ 19 食物繊維の摂取は栄養の吸収を遅らせ、血糖値の上昇を緩慢にする。〔　〕（　）

□ 20 憲法が保証する基本的人権は、人類の多年にわたる自由獲得の成果だ。〔　〕（　）

□ 21 ある野球選手が来期の契約公改に臨んだが現状維持の金額にとどまった。（　）（　）

□ 22 海上保安本部は漁船の衝突事故現場に巡視船を派献し救助に当たらせた。（　）（　）

□ 23 環境庁は生職機能への影響が心配される化学物質の調査を始めた。（　）（　）

□ 24 主要部分に移る前に働入部分として演奏される楽曲を序奏という。（　）（　）

□ 25 海中から奇積的に発見された古代彫刻の傑作が日本で公開された。（　）（　）

□ 26 申請書類には領収書を展付して提出する規定になっている。（　）（　）

□ 27 故郷の海で、童心に返り、砂の感触を楽しみながら潮干刈りに興じた。（　）（　）

□ 28 国際試合での日本選手の目覚しい活役にファンの熱狂は最高潮に達した。（　）（　）

□ 29 大胆な推論と論詞明快な文章で知られる歴史家の著書を愛読している。（　）（　）

□ 30 その推理小説は容疑者が証個を突きつけられ白状する場面で終わる。（　）（　）

□ 31 議長の審議打ち切りで議場は騒然として収集がつかなくなった。（　）（　）

□ 32 新たな開発計画案は地元住民の抗議が殺踏したため白紙撤回された。（　）（　）

□ 33 多数の人々の迅力により日仏交流俳句大会が和やかな雰囲気で行われた。（　）（　）

□ 34 国連食糧農業機関は飢えている人々のための支縁を求めている。（　）（　）

□ 35 警視庁は自転車利用者の交通異反取り締まりを強化する方針を公表した。（　）（　）

□ 36 夏になると各地の海辺や湖畔、河川敷で花火大会が勢大に開催される。（　）（　）

□ 37 農業研究は従来の欧米崇拝の迷夢から冷めていないようだ。（　）（　）

□ 38 大型台風の就来に備え、地域住民が協力して河川の見回りをした。（　）（　）

□ 39 ごみ問題への意識が高まる一方で、食品ごみは漸増する係向にある。（　）（　）

□ 40 ご注文の商品につきましては、速刻お取り寄せいたします。（　）（　）

**ワンポイント**

漢字一字一字をチェックして、それぞれの単語の意味を考えながら誤字を探していけば、容易にみつかる。同音、同訓漢字をまとめて覚えておこう。

**漢字力がつく**

設問は二〇～三〇字くらいの短文の中から、**誤字を探し出す形式**になっている。誤字は一字だけで、音読みの熟語の内の一字に、まちがった漢字が使われているものが多い。

# 19 書き取り（誤字訂正）②

——問題文を一字一字よく見ることが必要である

| 合格 | (40〜28) |
|---|---|
| もう一歩 | (27〜21) |
| がんばれ | (20〜　) |

得点

● 次の各文にまちがって使われている同じ音訓の漢字が一字ある。上の（　）に誤字を、下の（　）に正しい漢字を記せ。

□ 1 健康維持のため、偏食や過度のストレスを裂け、適度な運動に努める。（　）（　）

□ 2 紛争を処理するために法律の専門家に調訂を依頼することにした。（　）（　）

□ 3 決勝戦の試合を前に睡眠を十分とり節静に努めるよう指示した。（　）（　）

□ 4 景気停迷の影響で膨大な負債を抱えている企業が多くある。（　）（　）

□ 5 専門医の不足で各地の病院が産科を閉差し、妊婦に不安を抱かせている。（　）（　）

□ 6 社会構造の変化により消費者の需要はますます多容化してきた。（　）（　）

□ 7 日本の神社仏閣には、待久性に富むヒノキの建材がよく使われている。（　）（　）

□ 8 日本の特許は独創的なものより類似的・技術防栄的なものが多い。（　）（　）

□ 9 規制緩和を軸にした構造改革と内援を拡大する経済政策が求められる。（　）（　）

□ 10 ビール類には麦芽の比律を二十五パーセント未満に抑えた発泡酒もある。（　）（　）

---

□ 11 五輪大会での日本選手の活躍を伝える映像に、多くの人々が熱興した。（　）（　）

□ 12 防犯機能を搭採した子ども向けの携帯電話に注目が集まっている。（　）（　）

□ 13 企業は年攻序列や終身雇用を見直し能力主義を導入し始めた。（　）（　）

□ 14 連夜の不審火に住民は恐負を募らせたが、懸命の捜査で事件は解決した。（　）（　）

□ 15 出入国管理の簡素化のため、指紋照合システムの導入が検当されている。（　）（　）

□ 16 恩師の述懐には、若い時の留学生活の貴重な体験が折り込まれていた。（　）（　）

□ 17 企業が、不祥事で失った消費者の信用を取り戻すことは仕難の業である。（　）（　）

□ 18 水質検査の結果では河川の汚洗は改善されたが湖沼の汚れは同じだ。（　）（　）

□ 19 昨夜の音楽会は、新進気英の指揮者が率いる管弦楽団の演奏だった。（　）（　）

□ 20 遠隔操作による海底調査機器を苦使して二隻の沈没船を発見した。（　）（　）

□ 21 緊張の面持ちで先誓した選手は大役を果たし表情を和ませた。（　）（　）
□ 22 新紙幣には最先担の印刷技術を駆使した偽造防止の工夫がなされている。（　）（　）
□ 23 葉の茎に貯水機能がある多肉植物は、箇燥に強いため管理が容易である。（　）（　）
□ 24 宿泊客が激減し、焦騒感の募る旅館組合は集客に懸命である。（　）（　）
□ 25 資源故渇や環境破壊を阻止するため開発援助には配慮が必要だ。（　）（　）
□ 26 くまが人里に下りてきたので銃を上に向け威嚇射撃をして負い払った。（　）（　）
□ 27 音声で侵入者に警告を発する防犯機能つきの照明器具が客光を浴びている。（　）（　）
□ 28 家財道具を倉庫に預け老窮化した家屋の建て替えに余念がない。（　）（　）
□ 29 書店で各出版社から発行されている国語辞典を比隔検討してみた。（　）（　）
□ 30 高齢化社会で活躍する快護福祉士は国家資格の一つである。（　）（　）
□ 31 江戸時代の寺子屋は、読み・書き・そろばんの基礎教育に寄余した。（　）（　）

□ 32 父はダンスを躍ることが唯一の趣味で、選手権にも出場した。（　）（　）
□ 33 香辛料を使った料理は夏場の食欲不審を解消させてくれる。（　）（　）
□ 34 太陽という洪星の周囲を地球・火星などの惑星が取り巻いている。（　）（　）
□ 35 世界中の国々で「子供の権利条約」が批准されることが臨まれる。（　）（　）
□ 36 議場は野次の応酬で騒然とし、議長の静止の声もかき消された。（　）（　）
□ 37 裁判で検察側は犯行に使われたとみられる刃物を証固品として提出させた。（　）（　）
□ 38 県の情報公開制度の改善を協議している審議会が会議で答伸をまとめた。（　）（　）
□ 39 駅伝の走者が極度の疲労と奪水症状のため、完走を断念し棄権した。（　）（　）
□ 40 日本海に挙大なクラゲが大量発生し、沿岸の定置網漁に被害が出ている。（　）（　）

**ワンポイント**
漢字には**同音**や**同訓**のものが多く、さらに字形のよく似たもの、意味の近いものなどがあり、複雑になっているので慎重さが必要。

**漢字力がつく**
**誤字訂正に使われる例文**は、漢字・熟語が多い文章、つまり論文的な硬い文章である。これに慣れるために利用したいのが新聞である。具体例がいくらでも出てくるので、トレーニングには新聞をよく読むことが効果的。

# 20 熟語構成①

——漢字の意味的な結びつきに注意する

● 熟語の構成のしかたには、次のようなものがある。

ア　同じような意味の漢字を重ねたもの（例…通過）
イ　反対または対応の意味を表す字を重ねたもの（例…左右）
ウ　上の字が下の字を修飾しているもの（例…親友）
エ　下の字が上の字の目的語・補語になっているもの（例…開会）
オ　上の字が下の字の意味を打ち消しているもの（例…非常）

次の熟語は、ア〜オのどれにあたるか。（　）の中に記号で記せ。

□ 1 首尾（　）
□ 2 赴任（　）
□ 3 年俸（　）
□ 4 苦衷（　）
□ 5 無双（　）
□ 6 詔勅（　）
□ 7 甲殻（　）
□ 8 無窮（　）
□ 9 佳境（　）
□ 10 起伏（　）
□ 11 喫茶（　）
□ 12 涼風（　）
□ 13 模擬（　）
□ 14 開廷（　）
□ 15 奔馬（　）
□ 16 俊敏（　）
□ 17 虚実（　）
□ 18 振鈴（　）
□ 19 均衡（　）
□ 20 頻発（　）
□ 21 禍福（　）
□ 22 非凡（　）
□ 23 鉄鎖（　）
□ 24 剛健（　）
□ 25 寛厳（　）
□ 26 珠玉（　）
□ 27 罷業（　）
□ 28 厄年（　）

| 合格 | もう一歩 | がんばれ |
|---|---|---|
| (60〜42) | (41〜31) | (30〜　) |

得点

□29 陥没（　　）
□30 施錠（　　）
□31 余剰（　　）
□32 点滅（　　）
□33 遮光（　　）
□34 酷似（　　）
□35 座礁（　　）
□36 未遂（　　）
□37 凸面（　　）
□38 諾否（　　）
□39 枢要（　　）

□40 抹茶（　　）
□41 哀愁（　　）
□42 多寡（　　）
□43 不遇（　　）
□44 唯一（　　）
□45 献呈（　　）
□46 伸縮（　　）
□47 免疫（　　）
□48 哀悼（　　）
□49 叙景（　　）
□50 卵殻（　　）

□51 無粋（　　）
□52 愉悦（　　）
□53 独酌（　　）
□54 美醜（　　）
□55 直轄（　　）

□56 懐疑（　　）
□57 輪禍（　　）
□58 不詳（　　）
□59 検疫（　　）
□60 往還（　　）

**ワンポイント**

- 熟語とは、**二つ以上の単語が結合して一語をなすもの**である。
- **二字熟語**を上下の漢字の読み方（音訓）から分類すると、①音十音、②訓十訓、③音十訓、④訓十音の四種類になる。特に③を「重箱《じゅうばこ》読み」、④を「湯桶《ゆとう》読み」と呼んでいる。
- **構成のしかた**をみるには、意味を推測しながら読みを確認しておくことが大切である。

漢字一字のときには読み誤りが少なくても、熟語にしたとたんに誤りが増える漢字がある。例えば「絵（カイ・エ）」→絵《え》・絵画《かいが》・絵本《えほん》

**漢字力がつく**

**二字熟語**の構成はいくつかのパターンがあるが、検定試験で出題されるのは五つである。エのタイプは上に動詞、下が名詞というパターンが多い。なお、オのタイプも出題されることもあるのでトレーニングしておこう。

# 21 熟語構成 ②

――熟語の構成のしかたを正しく理解しよう

● 熟語の構成のしかたには、次のようなものがある。

ア 同じような意味の漢字を重ねたもの (例…**通過**)
イ 反対または対応の意味を表す字を重ねたもの (例…**左右**)
ウ 上の字が下の字を修飾しているもの (例…**親友**)
エ 下の字が上の字の目的語・補語になっているもの (例…**開会**)
オ 上の字が下の字の意味を打ち消しているもの (例…**非常**)

次の熟語は、ア～オのどれにあたるか。(　)の中に記号で記せ。

□ 1 逸品 (　)
□ 2 贈賄 (　)
□ 3 威嚇 (　)
□ 4 仰天 (　)
□ 5 繁閑 (　)
□ 6 無為 (　)
□ 7 雪渓 (　)
□ 8 宣誓 (　)
□ 9 罷免 (　)
□ 10 奔流 (　)
□ 11 渉外 (　)
□ 12 質朴 (　)
□ 13 暫定 (　)
□ 14 媒介 (　)
□ 15 衆寡 (　)
□ 16 衝突 (　)
□ 17 妄信 (　)
□ 18 造幣 (　)
□ 19 酪農 (　)
□ 20 慶弔 (　)
□ 21 不偏 (　)
□ 22 巧拙 (　)
□ 23 隠匿 (　)
□ 24 殉職 (　)
□ 25 浄財 (　)
□ 26 雅俗 (　)
□ 27 不詳 (　)
□ 28 享楽 (　)

| 合格 | もう一歩 | がんばれ |
|---|---|---|
| (60～42) | (41～31) | (30～　) |

得点

□ 29 露顕（　　）
□ 30 来賓（　　）
□ 31 研磨（　　）
□ 32 必携（　　）
□ 33 捜索（　　）
□ 34 懐古（　　）
□ 35 殊勲（　　）
□ 36 上棟（　　）
□ 37 旋回（　　）
□ 38 疎密（　　）
□ 39 撤兵（　　）

□ 40 不慮（　　）
□ 41 匿名（　　）
□ 42 真偽（　　）
□ 43 廉価（　　）
□ 44 丘陵（　　）
□ 45 存廃（　　）
□ 46 遺漏（　　）
□ 47 無菌（　　）
□ 48 争覇（　　）
□ 49 授受（　　）
□ 50 漸進（　　）

□ 51 抑揚（　　）
□ 52 遷都（　　）
□ 53 扶助（　　）
□ 54 偏見（　　）
□ 55 嫌悪（　　）

□ 56 添削（　　）
□ 57 参禅（　　）
□ 58 筆禍（　　）
□ 59 栄辱（　　）
□ 60 環礁（　　）

**ワンポイント**

二字熟語を**上下の漢字のつながり方**から大別すると七つに分類することができる。設問のア〜エ以外に

● 助字が上または下につくもの

①否定の意味の助字が上につくもの（設問のオにあたる）

（不安　無事　未定　非凡）

②上に所・被がつくもの（所感　所信　所用　被害　被爆　被災）

③その他の助字がつくもの（御飯　貴社　貴国　拙宅　拙僧）

④助字が下につくもの（慢性　偶然　美化　病的　突如）

● 主語と述語の関係にあるもの（国立　地震　雷鳴　日没　形成）

● 三字以上の熟語を略したもの

（国際連合→国連　高等学校→高校　重要文化財→重文）

**漢字力がつく**

二字熟語を読み方から見ると、音読みが圧倒的多数を占めている。これは、漢字＝漢語と考えれば当然のことだが、中には訓読みの熟語もある。また音と訓をとりまぜた読み方をするものもある。

# 22 四字熟語 ①

——四字熟語はそのいわれを理解しておこう

| 合格 | (42〜30) |
|---|---|
| もう一歩 | (29〜21) |
| がんばれ | (20〜 ) |

得点

❶ 次の四字熟語について、問1と問2に答えよ。

問1 後の□内のひらがなを漢字にして1〜14に入れ、四字熟語を完成せよ。□内のひらがなは一度だけ使い、（ ）に一字記せ。

□ ア 意気消[1]（ ）
□ イ 五里[2]中（ ）
□ ウ 有[3]転変（ ）
□ エ 青息[4]息（ ）
□ オ 公序良[5]（ ）
□ カ 迷[6]千万（ ）
□ キ 自[7]自棄（ ）

□ ク 孤立無[8]（ ）
□ ケ 要害[9]固（ ）
□ コ 千[10]一遇（ ）
□ サ [11]死回生（ ）
□ シ 好機[12]来（ ）
□ ス 勢力伯[13]（ ）
□ セ [14]苦勉励（ ）

い・えん・き・けん・こっ・ざい・ぞく
ちゅう・ちん・と・とう・ぼう・む・わく

問2 次の15〜21の意味にあてはまるものを問1のア〜セの四字熟語から一つ選び、記号で答えよ。

□ 15 望みを失いやけになること。（ ）
□ 16 地勢が険しく攻めにくいこと。（ ）
□ 17 状況がつかめずとまどうこと。（ ）
□ 18 絶望的なものを立ち直らせること。（ ）
□ 19 この世のすべてのものは常に移ろい行くこと。（ ）
□ 20 ひとりぼっちでどこからも助けが得られないこと。（ ）
□ 21 元気をなくししょげるさま。（ ）

❷ 次の四字熟語について、問1と問2に答えよ。

問1 後の［ ］内のひらがなを漢字にして1～14に入れ、四字熟語を完成せよ。［ ］内のひらがなは一度だけ使い、（ ）に一字記せ。

□ ア 首［1］一貫（ ）
□ イ 百［2］夜行（ ）
□ ウ 本末転［3］（ ）
□ エ［4］言隻語（ ）
□ オ 玉石［5］交（ ）
□ カ［6］三暮四（ ）
□ キ 故事来［7］（ ）

□ ク［8］名返上（ ）
□ ケ 自己［9］盾（ ）
□ コ 言語［10］断（ ）
□ サ 才色［11］備（ ）
□ シ［12］手勝手（ ）
□ ス 信賞必［13］（ ）
□ セ 意志［14］弱（ ）

え・お・き・けん・こん・ちょう・とう・どう・はく・ばつ・び・へん・む・れき

問2 次の15～21の意味にあてはまるものを問1のア～セの四字熟語から一つ選び、記号で答えよ。

□ 15 以前の失敗で受けた不名誉を、活躍によって打ち消すこと。（ ）
□ 16 同一人物の考えや行動のつじつまが合わないこと。（ ）
□ 17 優れたものとつまらないものが互いに区別できないこと。（ ）
□ 18 多くの悪人がはびこり醜い行いをすること。（ ）
□ 19 物事のこれまでのいきさつのこと。（ ）
□ 20 わがまま放題のこと。（ ）
□ 21 物事を実行する強い気持ちがないこと。（ ）

**漢字力がつく**

**四字熟語**とは、狭い意味では、故事成語としての四文字熟語のことである。漢字検定では、日常的に使われる一般用語も出題範囲に含まれる。

**23**

# 四字熟語②

――四字熟語の深い意味まで理解しておこう

| 合格 |
| --- |
| (42～30) |
| もう一歩 |
| (29～21) |
| がんばれ |
| (20～ ) |

得点

❶ 次の四字熟語について、問1と問2に答えよ。

問1 後の［ ］内のひらがなを漢字にして1～14に入れ、四字熟語を完成せよ。［ ］内のひらがなは一度だけ使い、（ ）に一字記せ。

□ア 1知徹底（ ）
□イ 生殺2奪（ ）
□ウ 冠3葬祭（ ）
□エ 4行無常（ ）
□オ 吉5禍福（ ）
□カ 少壮気6（ ）
□キ 証拠7滅（ ）
□ク 大器8成（ ）
□ケ 現状9持（ ）
□コ 一10即発（ ）
□サ 無我11中（ ）
□シ 諭12免職（ ）
□ス 綱13粛正（ ）
□セ 14敗堕落（ ）

い・いん・えい・き・きょう・こん・し
しゅう・しょ・しょく・ばん・ふ・む・よ

問2 次の15～21の意味にあてはまるものを問1のア～セの四字熟語から一つ選び、記号で答えよ。

□15 万物は常に変化して定まらないということ。（ ）
□16 本当に才能のある人物は表れるのが遅いということ。（ ）
□17 どうしようと思うままであるさま。（ ）
□18 乱れた規律をただすこと。（ ）
□19 危機が迫っていること。（ ）
□20 広くすみずみまで伝えること。（ ）
□21 若々しく勢いが盛んなさま。（ ）

❷ 次の四字熟語について、問1と問2に答えよ。

問1 後の□内のひらがなを漢字にして1〜14に入れ、四字熟語を完成せよ。□内のひらがなは一度だけ使い、（　）に一字記せ。

□ア 朝令1改（　）
□イ 無2自然（　）
□ウ 心頭滅3（　）
□エ 巧言4色（　）
□オ 和洋5衷（　）
□カ 思6分別（　）
□キ 一網打7（　）

□ク 正8正銘（　）
□ケ 内9干渉（　）
□コ 沈思10考（　）
□サ 11天動地（　）
□シ 一12千金（　）
□ス 外13内剛（　）
□セ 厚顔無14（　）

い・きゃく・きょう・こく・じゅう・しん
じん・せい・せっ・ち・ぼ・もっ・りょ・れい

問2 次の15〜21の意味にあてはまるものを問1のア〜セの四字熟語から一つ選び、記号で答えよ。

□15 こびへつらうこと。（　）
□16 世間をびっくりさせること。（　）
□17 方針がめまぐるしく変わって定まらないこと。（　）
□18 時間の貴重なことのたとえ。（　）
□19 どんな苦境においても、心の持ち方次第で平気でいられること。（　）
□20 ずうずうしく、少しもやましさを感じないこと。（　）
□21 深く考えを巡らせること。（　）

**漢字力がつく**
準2級の四字熟語の問題は、選択肢のひらがなを漢字に直して四字熟語を完成させるものである。読みについても誤りなく覚えておく必要がある。

# 24 四字熟語③

——それぞれの字が表す意味を確かめておこう

| 合格 | もう一歩 | がんばれ |
| --- | --- | --- |
| (42～30) | (29～21) | (20～ ) |

得点

❶ 次の四字熟語について、問1と問2に答えよ。

問1 後の［ ］内のひらがなを漢字にして1～14に入れ、四字熟語を完成せよ。［ ］内のひらがなは一度だけ使い、（ ）に一字記せ。

□ア 前［1］多難（ ）
□イ ［2］怪千万（ ）
□ウ 縦横無［3］（ ）
□エ 容姿［4］麗（ ）
□オ 支［5］滅裂（ ）
□カ ［6］善懲悪（ ）
□キ 当意［7］妙（ ）
□ク 一念［8］起（ ）
□ケ 孤軍奮［9］（ ）
□コ 温［10］篤実（ ）
□サ ［11］忍自重（ ）
□シ 付和［12］同（ ）
□ス 新進気［13］（ ）
□セ 深謀遠［14］（ ）

いん・えい・かん・き・こう・じん・そく
たん・と・とう・ほっ・らい・り・りょ

問2 次の15～21の意味にあてはまるものを問1のア～セの四字熟語から一つ選び、記号で答えよ。

□15 ばらばらに乱れ、筋道が立っていないこと。（ ）
□16 他人の説にわけもなく賛成すること。（ ）
□17 ずっと先のことまで見通して計画を練ること。（ ）
□18 厳しい将来が予想されること。（ ）
□19 あることを成し遂げようと決意すること。（ ）
□20 思う存分振る舞うさま。（ ）
□21 その場に合わせうまく対応すること。（ ）

❷ 次の四字熟語について、問1と問2に答えよ。

問1 後の［　］内のひらがなを漢字にして[1]～[14]に入れ、四字熟語を完成せよ。［　］内のひらがなは一度だけ使い、（　）に一字記せ。

□ ア 栄[1]盛衰（　）
□ イ 円転滑[2]（　）
□ ウ 竜頭蛇[3]（　）
□ エ 軽[4]妄動（　）
□ オ 面目[5]如（　）
□ カ [6]喜乱舞（　）
□ キ [7]言飛語（　）

□ ク 率先垂[8]（　）
□ ケ 美辞[9]句（　）
□ コ 疾風迅[10]（　）
□ サ 先制攻[11]（　）
□ シ [12]機応変（　）
□ ス 優[13]不断（　）
□ セ 針小[14]大（　）

［きょ・きょう・げき・こ・じゅう・だつ・はん・び・ぼう・やく・らい・りゅう・りん・れい］

問2 次の15～21の意味にあてはまるものを問1のア～セの四字熟語から一つ選び、記号で答えよ。

□ 15 向こう見ずな行動をすること。（　）
□ 16 最初はよかった勢いが、最後はまったくなくなること。（　）
□ 17 物事が滞りなくすらすらと進むこと。（　）
□ 18 人に先立って手本を示すこと。（　）
□ 19 巧みにうわべを飾った文言。（　）
□ 20 物事を行う決心が鈍いこと。（　）
□ 21 根拠のない無責任なうわさ。（　）

**漢字力がつく**

四字熟語の問題では意味も問われるので、正確な意味をきちんと確かめておくこと。

# 25 対義語・類義語①

——4級までの配当漢字の書き取り力がものをいう

| 合格 | (36〜25) |
| --- | --- |
| もう一歩 | (24〜19) |
| がんばれ | (18〜　) |

得点

❶ 次の□の中の語を必ず一度使って漢字に直し、対義語・類義語を（　）に記せ。

対義語

1 落胆—（　　）
2 懐柔—（　　）
3 高雅—（　　）
4 中枢—（　　）
5 干渉—（　　）
6 虐待—（　　）

類義語

7 煩雑—（　　）
8 悠久—（　　）
9 克明—（　　）
10 貢献—（　　）
11 罷免—（　　）
12 破棄—（　　）

あいご・いあつ・えいえん・かいしょう・かいにん
きよ・たんねん・ていぞく・はっぷん・ほうにん
まったん・めんどう

❷ 次の□の中の語を必ず一度使って漢字に直し、対義語・類義語を（　）に記せ。

対義語

1 恭順—（　　）
2 撤去—（　　）
3 購入—（　　）
4 凝結—（　　）
5 酷評—（　　）
6 消耗—（　　）

類義語

7 激励—（　　）
8 紛糾—（　　）
9 頑丈—（　　）
10 忍耐—（　　）
11 過剰—（　　）
12 泰然—（　　）

かくさん・がまん・けんご・こぶ・こんらん
さんじ・せっち・ちくせき・ちんちゃく
ばいきゃく・はんこう・よぶん

❸ 次の□の中の語を必ず一度使って漢字に直し、対義語・類義語を（　）に記せ。

**対義語**

□ 1 廃棄—（　　）
□ 2 喪失—（　　）
□ 3 怠惰—（　　）
□ 4 召還—（　　）
□ 5 左遷—（　　）
□ 6 謙虚—（　　）

**類義語**

□ 7 酌量—（　　）
□ 8 許諾—（　　）
□ 9 示唆—（　　）
□ 10 妥当—（　　）
□ 11 抹消—（　　）
□ 12 念願—（　　）

あんじ・えいてん・かくとく・きんべん・こうまん
こうりょ・しょうち・じょきょ・てきせつ・はけん
ほぞん・ほんもう

**ワンポイント**

**●対義語に強くなる**

◇「**対義語**」とは「**反対語**」と「**対応語**」をあわせたもの。

◇「**反対語**」とは、「ある語に対して逆の概念を表す語」のこと。反対語となるには、二語が共通する立場・概念をもち、こちらからみて逆（反対）の意味をもっていることが条件となる。

◇「**対応語**」とは、「ある語に対して対立、並列などの関係にある語」のこと。対応語となるには、二語が共通する立場・概念をもち、互いに対照的な要素を示していることが条件となる。

◇「**対義語**」を形の上から分類すると次の三つに分けられる。
・二字熟語の上の一字をかえて対義語にする場合
・二字熟語の下の一字をかえて対義語にする場合
・二字熟語の二字ともかえて対義語にする場合

◇「**不**」「**無**」「**非**」「**未**」は、否定する語の上につき、対義語をつくる。また「無」と「未」は次にあげた語とよく対応する。
**無**↔「有」または「多」のつく語（例 有名↔無名）
**未**↔「既」または「完」のつく語（例 既知↔未知）

◇「**対義語**」の中には、共通概念のとり方によって、導き出される対義語が異なる場合があり、前後の意味関係をよく把握してから使い分けることが必要。

**漢字力がつく**

**対義語・類義語**の学習では、対義語・類義語それぞれのつくられ方を理解しておくことが必要である。そのためには**熟語構成のパターン**を生かすことが理解の助けになる。

# 26 対義語・類義語 ②

――一つの熟語に対して類義語は数が多い

合格（36〜25）
もう一歩（24〜19）
がんばれ（18〜　）
得点

❶ 次の□の中の語を必ず一度使って漢字に直し、対義語・類義語を（　）に記せ。

対義語

□ 1 冗長―（　　）
□ 2 恒例―（　　）
□ 3 諮問―（　　）
□ 4 堕落―（　　）
□ 5 疎遠―（　　）
□ 6 騰貴―（　　）

類義語

□ 7 了承―（　　）
□ 8 不穏―（　　）
□ 9 高尚―（　　）
□ 10 醜聞―（　　）
□ 11 偽作―（　　）
□ 12 駆逐―（　　）

おめい・かんけつ・げらく・こうせい・しんみつ
ついほう・てんが・とうしん・なっとく・ぶっそう
もぞう・りんじ

❷ 次の□の中の語を必ず一度使って漢字に直し、対義語・類義語を（　）に記せ。

対義語

□ 1 傑物―（　　）
□ 2 零落―（　　）
□ 3 閑散―（　　）
□ 4 寡黙―（　　）
□ 5 高尚―（　　）
□ 6 湿潤―（　　）

類義語

□ 7 懲戒―（　　）
□ 8 思慮―（　　）
□ 9 辛抱―（　　）
□ 10 大胆―（　　）
□ 11 遺憾―（　　）
□ 12 殊勝―（　　）

えいたつ・がまん・かんそう・ごうほう・ざんねん
しょばつ・しんみょう・たべん・ていぞく・はんぼう
ふんべつ・ぼんじん

❸ 次の□の中の語を必ず一度使って漢字に直し、対義語・類義語を（　）に記せ。

対義語

□ 1 凡庸―（　　）

□ 2 概要―（　　）

□ 3 擁護―（　　）

□ 4 清浄―（　　）

□ 5 淡泊―（　　）

□ 6 分析―（　　）

類義語

□ 7 盲点―（　　）

□ 8 措置―（　　）

□ 9 奔走―（　　）

□ 10 重鎮―（　　）

□ 11 変遷―（　　）

□ 12 肯定―（　　）

いだい・えんかく・おせん・きょとう・しかく
しょうさい・しんがい・じんりょく・ぜにん
そうごう・たいしょ・のうこう

ワンポイント

**●類義語に強くなる**

◇漢字検定でいう「**類義語**」とは、「同義語を含めた広い意味での類義語」をいう。

◇「**同義語**」は本来、「意味がまったく同じ熟語」のことだが、厳密にいえばまったく同じ意味の語というのはありえないので、漢字検定でいう同義語は「類義語の中で特に似かよっている意味をもつ語」のことをさしている。

◇「**類義語**」は、熟語の学習の一環として、対義語と並び**熟語力を身につける**上で大切なものである。

◇「**類義語**」は文脈によって、熟語を入れかえられる場合と、入れかえられない場合があるので、判断して適切なものを選んでいくことが大切。

◇「**類義語**」の多くは、「日常語」「文章語」「俗語」の差によって表される。

◇「同義語以外の類義語」を意味的関係から分類すると、次の三つに分けることができる。

①一方が他方に含まれるもの（例 先生と教師）
②部分的に意味が重なり合うもの（例 机と卓）
③区別があいまいなもの（例 駐車―停車）

漢字力がつく

**対義語**は次のパターンを覚えておこう。 ①散文↕韻文 ②農繁↕農閑 ③巧遅↕拙速（上下それぞれ対応） ④栄転↕左遷（上下とも対応しない異なる字） ⑤円満↕不和。漢字検定では④の出題が多い。

# 27 対義語・類義語③

――対義語はペアで覚えてしまおう

合格（36〜25）　もう一歩（24〜19）　がんばれ（18〜　）

得点

❶ 次の□の中の語を必ず一度使って漢字に直し、対義語・類義語を（　）に記せ。

対義語

1 廃止―（　　）
2 拒絶―（　　）
3 授与―（　　）
4 寛容―（　　）
5 頒布―（　　）
6 漠然―（　　）

類義語

7 仲裁―（　　）
8 懇意―（　　）
9 敢闘―（　　）
10 勲功―（　　）
11 頑固―（　　）
12 発祥―（　　）

かいしゅう・かんじゅ・きげん・げんかく
ごうじょう・じゅりょう・しんみつ・せんめい
そんぞく・ちょうてい・てがら・ふんせん

❷ 次の□の中の語を必ず一度使って漢字に直し、対義語・類義語を（　）に記せ。

対義語

1 荘重―（　　）
2 漆黒―（　　）
3 秩序―（　　）
4 合併―（　　）
5 煩雑―（　　）
6 召還―（　　）

類義語

7 均衡―（　　）
8 克明―（　　）
9 動静―（　　）
10 陥没―（　　）
11 留意―（　　）
12 懇切―（　　）

かんりゃく・けいかい・こんらん・じゅんぱく
しょうそく・たんねん・ちょうわ・ちんか
ていちょう・はいりょ・はけん・ぶんり

❸ 次の□の中の語を必ず一度使って漢字に直し、対義語・類義語を（　）に記せ。

**対義語**

□ 1 一括―（　　）
□ 2 陳腐―（　　）
□ 3 軽率―（　　）
□ 4 末尾―（　　）
□ 5 罷免―（　　）
□ 6 遠隔―（　　）

**類義語**

□ 7 交渉―（　　）
□ 8 逝去―（　　）
□ 9 庶民―（　　）
□ 10 披露―（　　）
□ 11 憤慨―（　　）
□ 12 委嘱―（　　）

いたく・えいみん・きんせつ・げきど・こうひょう
しんせん・しんちょう・たいしゅう・だんぱん
にんめい・ぶんかつ・ぼうとう

ワンポイント

**●対義語・類義語のつくられ方**

〈対義語〉
①下の字が同じで、上の字が対応しているもの
（往信―返信　盛運―衰運）
②上の字が同じで、下の字が対応しているもの
（語幹―語尾　叙事―叙情）
③上の字も下の字も対応しているもの
（上昇―下降　賢明―暗愚）
④上の字も下の字も対応していないもの
（過去―未来　文明―野蛮）
⑤打ち消しの語を用いて対応しているもの
（満足―不満　可決―否決）

〈類義語〉
①下の字が同じで、上の字が異なるもの
（進呈―贈呈　処置―措置）
②上の字が同じで、下の字が異なるもの
（慣習―慣行　承認―承諾）
③上の字か下の字が共通しているもの
（解説―説明　腕前―手腕）
④上の字も下の字も共通していないもの
（沿革―変遷　我慢―忍耐）

出題傾向としては、**二字とも異なる字**からなるものが圧倒的に多い。

**漢字力がつく**

**類義語**は許容範囲の広いものである。例えば、「死去」は「物故」だけでなく「死亡」「死没」「他界」「永眠」なども考えられる。同じ意味の熟語、似た意味の熟語を数多くまとめて覚えることが必要になる。

## 28 部首① ——ふだんから漢和辞典に親しもう

● 次の漢字の部首を（ ）の中に記せ。

〈例〉 双（又） 吹（口）

1 騰（ ）
2 赦（ ）
3 甚（ ）
4 凸（ ）
5 裏（ ）
6 貞（ ）
7 乏（ ）
8 罷（ ）
9 索（ ）
10 勘（ ）

11 賓（ ）
12 畝（ ）
13 靴（ ）
14 賜（ ）
15 衷（ ）
16 準（ ）
17 乗（ ）
18 堕（ ）
19 麗（ ）
20 辞（ ）

21 席（ ）
22 嗣（ ）
23 監（ ）
24 慶（ ）
25 耗（ ）
26 玄（ ）
27 剛（ ）
28 奔（ ）
29 瓶（ ）
30 窃（ ）
31 掌（ ）

32 磨（ ）
33 尼（ ）
34 矯（ ）
35 帰（ ）
36 冊（ ）
37 呈（ ）
38 蛍（ ）
39 執（ ）
40 翁（ ）
41 弔（ ）
42 師（ ）

| |
|---|
| 合格 (80〜56) |
| もう一歩 (55〜41) |
| がんばれ (40〜 ) |
| 得点 |

□ 43 爵（　）
□ 44 呉（　）
□ 45 尉（　）
□ 46 壱（　）
□ 47 斉（　）
□ 48 互（　）
□ 49 款（　）
□ 50 窯（　）
□ 51 麻（　）
□ 52 缶（　）
□ 53 乾（　）

□ 54 扉（　）
□ 55 丹（　）
□ 56 殉（　）
□ 57 羅（　）
□ 58 刷（　）
□ 59 奏（　）
□ 60 魔（　）
□ 61 虞（　）
□ 62 劾（　）
□ 63 充（　）
□ 64 窮（　）

□ 65 卯（　）
□ 66 衆（　）
□ 67 事（　）
□ 68 亭（　）
□ 69 真（　）
□ 70 革（　）
□ 71 幽（　）
□ 72 墜（　）

□ 73 載（　）
□ 74 虜（　）
□ 75 褒（　）
□ 76 塁（　）
□ 77 且（　）
□ 78 義（　）
□ 79 誓（　）
□ 80 琴（　）

**ワンポイント**

●**部首**とは漢字を配列する際に基準となるもので、**漢字の共通部分**のことをいう。漢和辞典はこの基準に従って配列されている。

●漢和辞典の部首は中国の『康熙《こうき》字典』を基準にしている。漢字の意味を表す部首がわかるので、成り立ちが理解できるという特徴がある。

●漢字検定で覚えておきたい**部首の総数は二四〇**ある。

**漢字力がつく**

部首は漢字を構成する基礎で**七種類**（偏《へん》・旁《つくり》・冠《かんむり》・脚《あし》・垂《たれ》・繞《にょう》・構《かまえ》）に大別され、それ以外にそのどれにも属さない「その他」に分類されている部首がある。**部首の特徴と部首名**を記憶しておこう。

# 29 部首②

——漢字を部首ごとにグループにまとめて理解しよう

| 合格 | もう一歩 | がんばれ | 得点 |
|---|---|---|---|
| (80〜56) | (55〜41) | (40〜　) | |

● 次の漢字の部首を（　）の中に記せ。

〈例〉双（又）　吹（口）

1 戻（　　）
2 薫（　　）
3 軟（　　）
4 奨（　　）
5 昼（　　）
6 舞（　　）
7 齢（　　）
8 丙（　　）
9 及（　　）
10 卑（　　）

11 案（　　）
12 戯（　　）
13 募（　　）
14 晶（　　）
15 豪（　　）
16 疑（　　）
17 塑（　　）
18 痴（　　）
19 式（　　）
20 争（　　）

21 亜（　　）
22 虐（　　）
23 升（　　）
24 凹（　　）
25 尋（　　）
26 憲（　　）
27 歳（　　）
28 寧（　　）
29 碁（　　）
30 顕（　　）
31 奪（　　）

32 協（　　）
33 粒（　　）
34 頻（　　）
35 畜（　　）
36 衡（　　）
37 暫（　　）
38 軍（　　）
39 献（　　）
40 尿（　　）
41 殴（　　）
42 衰（　　）

43 看（　）
44 堂（　）
45 妄（　）
46 再（　）
47 夢（　）
48 歯（　）
49 着（　）
50 某（　）
51 泰（　）
52 摩（　）
53 臭（　）

54 頒（　）
55 並（　）
56 以（　）
57 威（　）
58 叔（　）
59 弊（　）
60 正（　）
61 吏（　）
62 辱（　）
63 飢（　）
64 致（　）

65 煩（　）
66 慮（　）
67 喪（　）
68 斥（　）
69 廉（　）
70 累（　）
71 盾（　）
72 勅（　）

73 先（　）
74 奮（　）
75 塾（　）
76 了（　）
77 叙（　）
78 貢（　）
79 欧（　）
80 暦（　）

ワンポイント
**●判別の難しい部首の例**〈（　）内が部首〉

勲（力）　慶（心）　呉（口）　肯（肉）　繭（糸）
栽（木）　斎（斉）　索（糸）　粛（聿）　肖（肉）
尚（小）　妥（女）　弔（弓）　貞（貝）　謄（言）
賓（貝）　騰（馬）　麻（麻）　磨（石）　竜（竜）
塁（土）　蛍（虫）　唇（口）　衷（衣）　聖（耳）

**漢字力がつく**

**部首の分け方**については、漢字検定協会と一般の漢和辞典とで異なるものがある。解答の際は漢字検定協会の分け方で解答する。例えば「育」は「肉（にく）」で、「肝」は「月（にくづき）」である。

# 30

## 部首③

——部首をまちがえやすい漢字をチェックしよう

| 合格 |
|---|
| (80〜56) |
| もう一歩 |
| (55〜41) |
| がんばれ |
| (40〜　) |

得点

● 次の漢字の部首を（　）の中に記せ。

〈例〉双（又）　吹（口）

□ 1 敢（　）
□ 2 誉（　）
□ 3 窒（　）
□ 4 秀（　）
□ 5 宰（　）
□ 6 屯（　）
□ 7 奨（　）
□ 8 暮（　）
□ 9 髪（　）
□ 10 務（　）

□ 11 幾（　）
□ 12 翼（　）
□ 13 聖（　）
□ 14 圏（　）
□ 15 幕（　）
□ 16 甲（　）
□ 17 婆（　）
□ 18 武（　）
□ 19 鬼（　）
□ 20 蛮（　）

□ 21 励（　）
□ 22 巨（　）
□ 23 敷（　）
□ 24 削（　）
□ 25 辛（　）
□ 26 街（　）
□ 27 挙（　）
□ 28 周（　）
□ 29 栽（　）
□ 30 斜（　）
□ 31 崩（　）

□ 32 墨（　）
□ 33 冠（　）
□ 34 透（　）
□ 35 魂（　）
□ 36 厘（　）
□ 37 厳（　）
□ 38 風（　）
□ 39 奥（　）
□ 40 夜（　）
□ 41 善（　）
□ 42 囚（　）

□ 43 郭（　）
□ 44 緊（　）
□ 45 罰（　）
□ 46 出（　）
□ 47 皆（　）
□ 48 民（　）
□ 49 忌（　）
□ 50 刃（　）
□ 51 膨（　）
□ 52 哲（　）
□ 53 撃（　）

□ 54 鼓（　）
□ 55 業（　）
□ 56 封（　）
□ 57 美（　）
□ 58 畳（　）
□ 59 承（　）
□ 60 処（　）
□ 61 倣（　）
□ 62 畔（　）
□ 63 影（　）
□ 64 尿（　）

□ 65 袋（　）
□ 66 腐（　）
□ 67 猿（　）
□ 68 享（　）
□ 69 竜（　）
□ 70 彩（　）
□ 71 尾（　）
□ 72 蒸（　）

□ 73 帝（　）
□ 74 井（　）
□ 75 勧（　）
□ 76 釈（　）
□ 77 束（　）
□ 78 輝（　）
□ 79 離（　）
□ 80 舗（　）

ワンポイント

**●その字自体が部首である例**

牛　米　矢　角　足　金　骨　竹　雨　皿　走　行　門　一
人　口　土　女　小　子　山　川　己　弓　心　戸　手　月
木　水　火　父　母　玉　田　白　目　糸　肉　見　貝　入
衣　王　黄　工　血　欠　穴　犬　言　西　氏　支　止　示
歯　車　赤　首　青　臣　身　舌　鳥　鼻　鹿　鬼　麦　辰

**漢字力がつく**

部首の問題では、一見してすぐわかるような漢字は出題されない。三つないし五つに分解できるような複雑な画数の漢字や、もともと**部首をまちがえやすい漢字**がよく出題される。

31

# 漢字と送りがな①

――送りがなは訓読みの力を問われる

| | |
|---|---|
| 合格 | (50～35) |
| もう一歩 | (34～26) |
| がんばれ | (25～ ) |

得点

● 次の――線のカタカナの部分を漢字と送りがな(ひらがな)に直せ。

□ 1 ナゴヤカナ雰囲気で話し合う。（　　）
□ 2 祭りで町中がウカレている。（　　）
□ 3 とてもイソガシイ毎日を送る。（　　）
□ 4 過労でタオレル人が続出した。（　　）
□ 5 答えに困って言葉をニゴス。（　　）
□ 6 スコヤカナ成長を祈る。（　　）
□ 7 ナゲカワシイ結果になった。（　　）
□ 8 海岸でメズラシイ貝殻を見つけた。（　　）
□ 9 紅葉が夕日に照りハエル。（　　）
□ 10 核心をつくスルドイ質問だ。（　　）
□ 11 荷物をひもでユワエル。（　　）
□ 12 贈り物に手紙をソエル。（　　）
□ 13 予定より開会がオクレル。（　　）

□ 14 上司の機嫌をソコネル。（　　）
□ 15 海がアレルと漁ができない。（　　）
□ 16 ふたを開けずにムラシてください。（　　）
□ 17 カガヤカシイ世界記録を樹立した。（　　）
□ 18 子馬が元気よくハネル。（　　）
□ 19 全員で万歳をトナエル。（　　）
□ 20 やっとのことで虫をツカマエル。（　　）
□ 21 服装をきちんとトトノエル。（　　）
□ 22 巨万の富をタクワエル。（　　）
□ 23 訪問客を笑顔でムカエル。（　　）
□ 24 係員に疑問点をタズネル。（　　）
□ 25 梅の花も咲きソメルころです。（　　）
□ 26 妹はアマヤカサれて育った。（　　）

□ 27 二回転して**アザヤカニ**着地した。
□ 28 あまい言葉に**マドワサ**れるな。
□ 29 行方不明者の安否が**アヤブマ**れる。
□ 30 洗った髪を**カワカシ**ている。
□ 31 惨状に目を**ソムケル**。
□ 32 **スケル**ような白い肌の人だ。
□ 33 銀行が商店街の一隅を**シメル**。
□ 34 のちほど**クワシク**報告します。
□ 35 ご用件を**ウケタマワル**。
□ 36 先生を**フクメル**と全部で三十人だ。
□ 37 時とともに記憶が**ウスラグ**。
□ 38 計画が**コワレル**おそれがある。
□ 39 科学の進歩は**イチジルシイ**。
□ 40 **タノモシイ**若者に成長した。

□ 41 釣った魚をとり**ニガシ**た。
□ 42 今度ばかりは愛想を**ツカシ**た。
□ 43 責任を**ノガレル**ことはできない。
□ 44 商売上手で財産を**フヤス**。
□ 45 隣の部屋が**サワガシイ**。
□ 46 私腹を**コヤス**彼を許せない。
□ 47 危険を**サケル**ため帽子をかぶる。
□ 48 代わりの者を**ツカワス**。
□ 49 進入を防ぐため塀を**メグラス**。
□ 50 前例を**フマエ**て処理しなさい。

**ワンポイント**

●**送りがな**は、漢文を日本語風の読み方にするために「助詞」「助動詞」を書き添えたことからできたもので、現在、「送り仮名の付け方」（昭和五十六年内閣告示）が基準となっている。

●〈**活用のない語**〉
名詞には原則として送りがなをつけない。（月・鳥など）　副詞・連体詞・接続詞は原則として**最後の音節**を送る。（必ず・再びなど）

**漢字力がつく**

「**送りがな」のつけ方**として、①活用のある語は活用語尾を送る。（思う・賢いなど）　②活用語尾以外の部分に、ほかの語を含む語は、含まれている語の送りがなのつけ方による。（〈活用のない語〉については「**ワンポイント**」参照）

# 32 漢字と送りがな ②

——送りがなの基本原則をマスターしよう

| 合格 | もう一歩 | がんばれ |
|---|---|---|
| (50〜35) | (34〜26) | (25〜 ) |

得点

● 次の——線のカタカナの部分を漢字と送りがな(ひらがな)に直せ。

1 今回の試験問題はムズカシイ。( )
2 捜索の範囲をセバメルことにした。( )
3 植物を愛するヤサシイ心の持ち主だ。( )
4 彼は巧みに自動車をアヤツル。( )
5 今週の運勢をトランプでウラナウ。( )
6 むずかしい質問をアビセル。( )
7 芸の道をキワメル。( )
8 入場したらタダチニ行進する。( )
9 工事に五年の歳月をツイヤシた。( )
10 旅行かばんを手にサゲル。( )
11 その仕事にツケル人は限られる。( )
12 自らの不明をハジル。( )
13 いやな事もココロヨク引き受ける。( )
14 難問が続出して頭をカカエル。( )
15 春風が池の氷をトカス。( )
16 問題の要点をオサエル。( )
17 オソロシイ夢を見て目が覚めた。( )
18 干したふとんはヤワラカイ。( )
19 明朝、必ずおウカガイします。( )
20 みなさん、フルッテご参加下さい。( )
21 油断をイマシメル言葉を聞いた。( )
22 切り倒された木がクチル。( )
23 投手は一球に思いをコメル。( )
24 志ナカバにして引退する。( )
25 彼は三つの役職をカネル。( )
26 野菜がニエルにおいがする。( )

□ 27 春になって野山の花がカオル。
□ 28 内部の事情にクワシイ者の犯行だ。
□ 29 名曲に耳をカタムケル。
□ 30 一枚の葉が風にタエル。
□ 31 鳥のさえずりに耳をスマス。
□ 32 成長に従って乳歯がヌケル。
□ 33 新聞に広告をノセルことにした。
□ 34 反省の機会をアタエル。
□ 35 工場が移転して町がサビレル。
□ 36 夏の高温で果物をクサラス。
□ 37 県大会の決勝戦でヤブレル。
□ 38 青年期はナヤマシイ年ごろだ。
□ 39 友人を家に一晩トメル。
□ 40 かんでフクメルように言い聞かせた。

---

□ 41 畑をタガヤシて野菜を作る。
□ 42 馬が草原をカケル姿が美しい。
□ 43 特使を外国にツカワス。
□ 44 周りの人達にも害をオヨボス。
□ 45 今年は夏のオトズレルのが早い。
□ 46 カキの実が甘くウレルころだ。
□ 47 長年の恩義にムクイル。
□ 48 祖父の生き方をホコラシク思う。
□ 49 薬味をアキナウ店として有名だ。
□ 50 ソファーに身をシズメル。

**ワンポイント**

●**形容詞・形容動詞の語幹**を含むもの 〈( )内の語を含む〉
重んずる(重い)・若やぐ(若い)・怪しむ(怪しい)
悲しむ(悲しい)・重たい(重い)・憎らしい(憎い)

●**動詞の活用形**、またはそれに準ずるものを含むもの
動かす(動く)・語らう(語る)・向かう(向く)
浮かぶ(浮く)・生まれる(生む)・輝かしい(輝く)

**漢字力がつく**

送りがなの問題では、どれだけ**漢字の訓読み**を理解しているかがポイントとなる。つまり、動詞や形容詞、形容動詞など、活用がある語の語幹を正しく理解しているかということである。

# 実戦模擬テスト（1）

解答には、常用漢字の旧字体や表外漢字および常用漢字音訓表以外の読みを使ってはいけない。

| 時間 | 合格点 | 得点 |
| --- | --- | --- |
| 60分 | 140/200 | |

（一）次の――線の漢字の読みをひらがなで記せ。（30）1×30

1 鋭い洞察力で真相を見ぬく。（　　）
2 過度の取材を自粛する。（　　）
3 状況を迅速に把握する。（　　）
4 開始五分前の予鈴がなった。（　　）
5 昔からの味を頑固に守る。（　　）
6 方針を社員に徹底させる。（　　）
7 規則が多くて窮屈な職場だ。（　　）
8 本来の目的から逸脱する。（　　）
9 テレビは広告媒体の一つだ。（　　）
10 内緒の話をそっとする。（　　）
11 氷が融解して水になる。（　　）
12 予備費の一部を通信費に充当した。（　　）
13 処分の撤回を求める。（　　）
14 労使の交渉は難渋した。（　　）
15 応募した川柳が入選した。（　　）

（二）次の漢字の部首を記せ。（10）1×10

〈例〉菜（艹）　間（門）

1 且（　　）
2 竜（　　）
3 叔（　　）
4 升（　　）
5 嚇（　　）
6 窃（　　）
7 充（　　）
8 顧（　　）
9 弔（　　）
10 尉（　　）

（三）熟語の構成のしかたには次のようなものがある。（20）2×10

ア 同じような意味の漢字を重ねたもの　（岩石）

（四）次の四字熟語について、問1と問2に答えよ。（30）

問1 後の□内のひらがなを漢字にして1～10に入れ、四字熟語を完成せよ。□内のひらがなは一度だけ使うこと。（20）2×10

ア 天1無縫（　　）
イ 一罰百2（　　）
ウ 3大妄想（　　）
エ 美辞4句（　　）
カ 群雄6拠（　　）
キ 本末転7（　　）
ク 雲散8消（　　）
ケ 論9明快（　　）

16 プランは時期尚早だと見送られた。（　　）
17 辺りは漆黒のやみに包まれた。（　　）
18 勝手な言い分には首肯しかねる。（　　）
19 相手の態度は軟化した。（　　）
20 基幹産業の民営化が漸進する。（　　）
21 緊張してのどが渇いた。（　　）
22 刑に服して罪を償う。（　　）
23 幼時の面影をとどめている。（　　）
24 嫌いな食べ物はありません。（　　）
25 師に作品を褒められた。（　　）
26 襟を正して訓示を聞く。（　　）
27 みずみずしい柔肌を保つ。（　　）
28 アルバイトで学資を稼ぐ。（　　）
29 利権がらみの生臭い話だ。（　　）
30 テレビで相撲を観戦する。（　　）

イ　反対または対応の意味を表す字を重ねたもの　（**高低**）
ウ　上の字が下の字を修飾しているもの　（**洋画**）
エ　下の字が上の字の目的語・補語になっているもの　（**着席**）
オ　上の字が下の字の意味を打ち消しているもの　（**非常**）

次の**熟語**は右の**ア～オ**のどれにあたるか、**一つ**選び、**記号**で記せ。

1 搭乗（　　）
2 懇請（　　）
3 往還（　　）
4 酪農（　　）
5 献杯（　　）
6 起伏（　　）
7 不遇（　　）
8 陥没（　　）
9 渉外（　　）
10 媒介（　　）

オ　首 5 一貫（　　）
コ　孤軍 10 闘（　　）

い・かい・かっ・こ・し・とう・び・ふん・む・れい

**問2** 次の11～15の**意味**にあてはまるものを **問1** の**ア～コの四字熟語**から**一つ**選び、**記号**で記せ。 (10) 2×5

11 うわべだけを巧みに飾った言葉。（　　）
12 ひとりで困難を克服しようとすること。（　　）
13 飾り気がなく素直な様子。（　　）
14 最初から最後まで考え方や態度が変わらないこと。（　　）
15 根本的なこととささいなことを取り違えること。（　　）

## (五)

次の1～5の**対義語**、6～10の**類義語**を後の□の中から選び、**漢字**で記せ。□の中の語は一度だけ使うこと。

(20) 2×10

**対義語**

1 撤去（　　）

2 削除（　　）

3 漠然（　　）

4 秩序（　　）

5 擁護（　　）

**類義語**

6 逝去（　　）

7 頑健（　　）

8 厄介（　　）

9 勲功（　　）

10 回顧（　　）

えいみん・こんらん・じょうぶ
しんがい・せっち・せんめい
ついおく・てがら・てんか
めんどう

## (七)

次の各文にまちがって使われている**同じ読みの漢字**が**一字**ある。**上に誤字**を、**下に正しい漢字**を記せ。

(10) 2×5

1 選手は厳しい練習を積み重ねて、三段跳びの日本記録を向新した。（　）（　）

2 公衆衛生の一環として、予防接種などの感染症対策を遂進する。（　）（　）

3 病に倒れ、覚悟を決めて唯言状まで書いたが奇跡的に健康を取り戻した。（　）（　）

4 細菌の範殖は、温度や湿度などの環境条件に大きく左右される。（　）（　）

5 趣味で通い始めた水彩画の教室で立体感の出し方や隠影の付け方を習う。（　）（　）

## (八)

次の――線の**カタカナ**を**漢字一字**と**送りがな(ひらがな)**に直せ。

(10) 2×5

〈例〉 問題に**コタエル**。（答える）

6 花に付く害虫を**クジョ**した。（　）

7 師匠が演技の**モハン**を示す。（　）

8 多数の文献が**サンイツ**してしまった。（　）

9 恐怖のあまり**ゼッキョウ**した。（　）

10 色の**ノウタン**がはっきりした絵だ。（　）

11 国際空港に**ケンエキ**所を設ける。（　）

12 検察官が**ショウコ**物件を提出する。（　）

13 金銭とは一切**ムエン**であった。（　）

14 **ムキュウ**を指さす北斗の針。（　）

15 巧みな**ソウルイ**でタッチを逃れた。（　）

## (六)

次の――線のカタカナを漢字に直せ。
(20)
2×10

1 友人をショウ介される。（　　）
2 自分のショウ来に希望を抱く。（　　）
3 火口からフン煙が上がる。（　　）
4 大事な書類をフン失してしまった。（　　）
5 公園内を一ジュンする。（　　）
6 ジュン粋な心の持ち主だ。（　　）
7 カイ既日食を観察する。（　　）
8 災害で設備が破カイされた。（　　）
9 ハえある勝利を収めた。（　　）
10 湖面が夕日にハえる。（　　）

1 靴が大きすぎてすぐヌゲル。（　　）
2 キタナイ部屋を掃除する。（　　）
3 年内に解散とモッパラのうわさだ。（　　）
4 言動をツツシムべき立場にある。（　　）
5 多大な迷惑をコウムッた。（　　）

## (九)

次の――線のカタカナを漢字に直せ。
(50)
2×25

1 新しい分野をカイタクする。（　　）
2 上達には日々のタンレンが必要だ。（　　）
3 ユウシュウな人材を確保する。（　　）
4 何者かが侵入したケイセキがある。（　　）
5 しかられてシンミョウな態度になる。（　　）

16 大きな獲物がアミにかかった。（　　）
17 周囲の美観をソコなう建物だ。（　　）
18 モノゴシのやわらかい人だ。（　　）
19 父はヘビ年生まれだ。（　　）
20 悪人をコらしめる。（　　）
21 因習のクサリを断ち切る。（　　）
22 開発計画はアシブみ状態だ。（　　）
23 問題が易しすぎて拍子ヌけだ。（　　）
24 谷川の流れに足をヒタす。（　　）
25 母はシラガを染めている。（　　）

# 実戦模擬テスト (2)

解答には、常用漢字の旧字体や表外漢字および常用漢字音訓表以外の読みを使ってはいけない。

時間 60分
合格点 140/200
得点

## (一) 次の――線の漢字の読みをひらがなで記せ。 (30) 1×30

1 大がかりな陰謀が露顕した。（　　）
2 老師の話に感銘を受けた。（　　）
3 父は自由奔放な人生を送った。（　　）
4 交通の要衝として栄えた。（　　）
5 郷土が生んだ俊傑の一人だ。（　　）
6 香りの良い吟醸酒を味わう。（　　）
7 悠久の歴史に思いをはせる。（　　）
8 かねて私淑している作家だ。（　　）
9 心より哀悼の意を表します。（　　）
10 壁にペンキを満遍なく塗る。（　　）
11 職種により報酬が異なる。（　　）
12 近年、赤字が累積している。（　　）
13 夢は酪農家になることだ。（　　）
14 荒涼とした原野が続く。（　　）

## (二) 次の漢字の部首を記せ。 (10) 1×10

〈例〉 菜（艹） 間（門）

1 栽（　　）
2 奔（　　）
3 亜（　　）
4 殻（　　）
5 慈（　　）
6 勅（　　）
7 軟（　　）
8 頒（　　）
9 呉（　　）
10 矯（　　）

## (三) 熟語の構成のしかたには次のようなものがある。 (20) 2×10

ア 同じような意味の漢字を重ねたもの （岩石）

## (四) 次の四字熟語について、問1と問2に答えよ。 (30)

問1 後の□内のひらがなを漢字にして1～10に入れ、四字熟語を完成せよ。□内のひらがなは一度だけ使うこと。 (20) 2×10

ア 少壮気[1]（　　）
イ 才色[2]備（　　）
ウ [3]田引水（　　）
エ 難[4]不落（　　）
カ 当意[6]妙（　　）
キ 容姿端[7]（　　）
ク 暗雲低[8]（　　）
ケ 表[9]一体（　　）

15 静かな場所で思索にふける。（　　）
16 交渉が決裂し罷業に入る。（　　）
17 時には妥協することもある。（　　）
18 生徒会長の候補に推薦する。（　　）
19 港に外国の船舶が停泊する。（　　）
20 将来を見据えて行動する。（　　）
21 建築費の坪単価を算定する。（　　）
22 証言に偽りのないことを誓う。（　　）
23 麻糸をよりあわせて縄をなう。（　　）
24 家の棟上げに招かれた。（　　）
25 身内同士の醜い争いを避ける。（　　）
26 次第に宵やみが迫ってきた。（　　）
27 相手の術中に陥る。（　　）
28 敵に一泡吹かせる。（　　）
29 行きつ戻りつして思案する。（　　）
30 紙吹雪が歌手の頭にかかる。（　　）

イ 反対または対応の意味を表す字を重ねたもの **（高低）**
ウ 上の字が下の字を修飾しているもの **（洋画）**
エ 下の字が上の字の目的語・補語になっているもの **（着席）**
オ 上の字が下の字の意味を打ち消しているもの **（非常）**

次の**熟語**は右の**ア〜オ**のどれにあたるか、**一つ**選び、**記号**で記せ。

1 検疫（　　）
2 厄年（　　）
3 贈賄（　　）
4 哀愁（　　）
5 濫造（　　）
6 懲悪（　　）
7 威嚇（　　）
8 寛厳（　　）
9 無償（　　）
10 上棟（　　）

オ 旧態 5 然（　　）
コ 勇 10 果敢（　　）

い・えい・が・けん・こう・そく・もう・めい・り・れい

**問2** 次の11〜15の**意味**にあてはまるものを**問1のア〜コの四字熟語**から**一つ**選び、**記号**で記せ。 (10) 2×5

11 若々しく勢い盛んなさま。（　　）
12 その場に適切なすばやい機転。（　　）
13 昔のままで一向に進歩しないさま。（　　）
14 物事を自分の利益になるようにひきつけて言ったりすること。（　　）
15 知性と美しさの両方を持っていること。（　　）

## (五)

次の1～5の**対義語**、6～10の**類義語**を後の□の中から選び、**漢字**で記せ。□の中の語は一度だけ使うこと。

(20) 2×10

**対義語**

1 凡庸（　　）

2 堕落（　　）

3 合併（　　）

4 緩慢（　　）

5 新鋭（　　）

**類義語**

6 辛苦（　　）

7 懇切（　　）

8 熟睡（　　）

9 普遍（　　）

10 左遷（　　）

あんみん・いだい・いっぱん
こうかく・こうせい・こごう
ていちょう・なんぎ
びんそく・ぶんり

## (七)

次の各文にまちがって使われている**同じ読みの漢字**が**一字**ある。**上に誤字**を、**下に正しい漢字**を記せ。

(10) 2×5

1 創業者である祖父の代から賢実な経営を受け継ぎ、家業に励んでいる。〔　〕〔　〕

2 日本のプロ野球史上初の二打席連続満塁本塁打の会挙が成し遂げられた。〔　〕〔　〕

3 宇宙船は絶体絶命の危機に遭遇しながらも希跡的に地球に生還した。〔　〕〔　〕

4 石炭は低廉で埋蔵量も豊富だが燃焦時の二酸化炭素排出量が多い。〔　〕〔　〕

5 少子化がさらに進めば、社会保障制度の根管が大きく揺らぐのは必至だ。〔　〕〔　〕

## (八)

次の――線の**カタカナ**を**漢字一字**と**送りがな(ひらがな)**に直せ。

(10) 2×5

〈例〉 問題に**コタエル**。（答える）

6 登山隊は未踏峰を**セイフク**した。（　　）

7 違反者に**バッキン**が適用される。（　　）

8 身に迫る危険を**ビンカン**に察知する。（　　）

9 規約改正の**ゼヒ**を問う。（　　）

10 仲間と成功の**シュクハイ**をあげた。（　　）

11 とんだ**チタイ**を演じてしまった。（　　）

12 大一番に勝って**シハイ**を手にした。（　　）

13 対戦相手を**テイサツ**する。（　　）

14 期限までに**ゲンコウ**を仕上げる。（　　）

15 教えを受けた師に**ケイボ**の念を抱く。（　　）

(六) 次の——線のカタカナを漢字に直せ。 (20) 2×10

1 ハン送作業を手伝う。（　）
2 他人の模ハンとなる行動をとる。（　）
3 未開地を開タクする。（　）
4 金属の光タクが美しい。（　）
5 環境汚センが問題になる。（　）
6 人気商品を独セン的に販売する。（　）
7 エンジンが急に火をフいた。（　）
8 音楽会でラッパをフく。（　）
9 先生の言葉にはガン蓄がある。（　）
10 砲ガン投げの競技が行われる。（　）

1 不況で店をタタムことになった。（　）
2 船を漁礁としてシズメル。（　）
3 民心をマドワスうわさが流れる。（　）
4 オソラク同じ犯人の仕業だろう。（　）
5 母校のチームはタノモシクなった。（　）

(九) 次の——線のカタカナを漢字に直せ。 (50) 2×25

1 ランニングでキャクリョクを鍛える。（　）
2 センパイから仕事を教わる。（　）
3 車いすに乗った老人をカイジョする。（　）
4 伝統芸能のケイショウを保護する。（　）
5 優勝は母校のメイヨになる。（　）

16 どうぞメし上がってください。（　）
17 親友の死をイタむ。（　）
18 警察にミガラを拘束された。（　）
19 心にヒビく講演だった。（　）
20 常に自らをイマシめる。（　）
21 手際のいい仕事ぶりをホめられた。（　）
22 事をアラダてずに済んだ。（　）
23 会話がハズんでとても楽しかった。（　）
24 早朝の電話にムナサワぎがした。（　）
25 額にアブラアセをにじませる。（　）

# 実戦模擬テスト ⑶

解答には、常用漢字の旧字体や表外漢字および常用漢字音訓表以外の読みを使ってはいけない。

時間 60分　合格点 140/200　得点

## (一) 次の――線の漢字の読みをひらがなで記せ。 (30) 1×30

1 募金額の多寡は問題ではない。（　）
2 大臣は自ら発言を撤回した。（　）
3 社会の安寧と秩序を願う。（　）
4 寛大な処置を願う。（　）
5 有名な作家の亜流にすぎない。（　）
6 夜明け前の街は森閑としている。（　）
7 静かな書斎で執筆する。（　）
8 傷口の炎症はよくなった。（　）
9 漁船が岩礁に乗り上げた。（　）
10 勲功により表彰された。（　）
11 損害に対して賠償を求める。（　）
12 若者らしい覇気を感じる。（　）
13 湖畔の宿で旅愁を味わう。（　）

## (二) 次の漢字の部首を記せ。 (10) 1×10

〈例〉 菜（艹）　間（門）

1 羅（　）
2 耗（　）
3 忍（　）
4 奪（　）
5 帥（　）
6 趣（　）
7 刃（　）
8 弊（　）
9 宵（　）
10 囚（　）

## (三) 熟語の構成のしかたには次のようなものがある。 (20) 2×10

ア 同じような意味の漢字を重ねたもの （岩石）

## (四) 次の四字熟語について、問1と問2に答えよ。 (30)

問1 後の□内のひらがなを漢字にして1～10に入れ、四字熟語を完成せよ。□内のひらがなは一度だけ使うこと。 (20) 2×10

ア 複雑怪[1]（　）
イ [2]合集散（　）
ウ 朝三[3]四（　）
エ 呉[4]同舟（　）
カ 栄[6]盛衰（　）
キ 清廉[7]白（　）
ク 一[8]団結（　）
ケ 面目[9]如（　）

14 弟子が老師に一喝された。（　　）
15 急患は休日も診療する。（　　）
16 事件の捜査は難航している。（　　）
17 理論を実践に移す時が来た。（　　）
18 新しい製品を推奨する。（　　）
19 幕府直轄の領地だった。（　　）
20 信頼を裏切られて憤激する。（　　）
21 決算で煩忙を極める。（　　）
22 三町を併せて新しく市をつくる。（　　）
23 猫舌なので熱いものは苦手だ。（　　）
24 そっと忍び足で近づいた。（　　）
25 親の顔に泥を塗るな。（　　）
26 電車に傘を忘れてきた。（　　）
27 失敗に懲りずに挑戦する。（　　）
28 目印に土を盛って塚を作る。（　　）
29 問題の解決に心を砕いた。（　　）
30 笑うと八重歯がのぞく。（　　）

イ　反対または対応の意味を表す字を重ねたもの　（**高低**）
ウ　上の字が下の字を修飾しているもの　（**洋画**）
エ　下の字が上の字の目的語・補語になっているもの　（**着席**）
オ　上の字が下の字の意味を打ち消しているもの　（**非常**）

次の**熟語**は右の**ア〜オ**のどれにあたるか、**一つ**選び、**記号**で記せ。

1 酷使（　　）
2 未遂（　　）
3 扶助（　　）
4 奔流（　　）
5 繁閑（　　）
6 罷免（　　）
7 禍福（　　）
8 遮光（　　）
9 頻出（　　）
10 懐古（　　）

オ　色即 5 空（　　）
コ　10 思黙考（　　）

えつ・き・けっ・こ・ぜ・ち
ちん・ぼ・やく・り

**問2** 次の11〜15の**意味**にあてはまるものを**問1**の**ア〜コの四字熟語**から**一つ**選び、**記号**で記せ。　(10) 2×5

11 世間の評価にふさわしい活躍をして、生き生きとするさま。（　　）
12 心がきれいで私欲をもたないこと。（　　）
13 多くの人々がいっしょになって力を合わせること。（　　）
14 仲の悪い者どうしが同じ場所に居合わせること。（　　）
15 目先の違いにこだわって、同じ結果となることに気がつかないこと。（　　）

**(五)** 次の1～5の**対義語**、6～10の**類義語**を後の□の中から選び、**漢字**で記せ。□の中の語は一度だけ使うこと。 (20) 2×10

**対義語**

1 購入（　　）
2 喪失（　　）
3 醜悪（　　）
4 煩雑（　　）
5 召還（　　）

**類義語**

6 伯仲（　　）
7 貢献（　　）
8 屈指（　　）
9 大胆（　　）
10 卑近（　　）

かくとく・かんりゃく・ごうほう
きよ・ごかく・つうぞく・はけん
ばつぐん・はんばい・びれい

**(七)** 次の各文にまちがって使われている**同じ読みの漢字**が**一字**ある。**上に誤字を**、**下に正しい漢字**を記せ。 (10) 2×5

1 廃棄物処理施設を移転する案は、候補地住民の強い攻議で撤回された。〔　〕（　）
2 太陽熱で海水の水分を醸発させ、濃縮して塩を結晶させる製塩法がある。〔　〕（　）
3 携帯電話を読み取り機にかざすだけで代金の決採ができる店舗が増えた。〔　〕（　）
4 使用済み核燃料に含まれる放射性廃棄物を地中深くに埋造する案がある。〔　〕（　）
5 局地的な豪雨が上流を襲い、川が急激に増水して下流域に披害が出た。〔　〕（　）

**(八)** 次の――線の**カタカナ**を**漢字一字**と**送りがな（ひらがな）**に直せ。 (10) 2×5

〈例〉 問題に**コタエル**。（答える）

6 会場は**バクショウ**の渦に包まれた。（　）
7 **リンゴク**との友好を深める。（　）
8 居間と食堂と**ケンヨウ**している。（　）
9 中立的な立場を**イジ**する。（　）
10 故障した機械を**タンネン**に調べる。（　）
11 週に一度風呂の**ヨクソウ**を洗う。（　）
12 質問の回答を**クウラン**に書き込む。（　）
13 **セッソク**な対応は避けるべきだ。（　）
14 関係分野をくまなく**ショウリョウ**する。（　）
15 支払いの**トクソク**をする。（　）

(六) 次の――線のカタカナを漢字に直せ。(20) 2×10

1 カイ滅的な打撃を受ける。（　　）
2 今年はカイ勤賞を目標にする。（　　）
3 法にテイ触するような行いは良くない。（　　）
4 試験の課題をテイ出する。（　　）
5 日本の歴史にはサ国の時代がある。（　　）
6 自説と他の説とのサ異を強調する。（　　）
7 態度が急に変わったのでコン惑した。（　　）
8 結コン記念日を夫婦で祝う。（　　）
9 幾つもの役職をカねている。（　　）
10 急に不安にカられる。（　　）

1 水のやりすぎで根をクサラス。（　　）
2 ナヤマシイ思いを日記につづる。（　　）
3 責任をノガレルことはできない。（　　）
4 心に強くウッタエル絵だ。（　　）
5 商品を倉庫にネカシておく。（　　）

(九) 次の――線のカタカナを漢字に直せ。(50) 2×25

1 風景画家としてヒボンな才能を示した。（　　）
2 話し合いで両者のキョリは縮まった。（　　）
3 ケンジツな守備で勝利に貢献した。（　　）
4 鮮やかなシキサイのスカーフだ。（　　）
5 学級タイコウリレーに出場する。（　　）

16 地域のボンオドリ大会に参加した。（　　）
17 絵にふさわしいガクブチを選ぶ。（　　）
18 経験が浅く視野のセマい人物だ。（　　）
19 恥をシノんで簡単なことを尋ねる。（　　）
20 明鏡止水の境地にイタる。（　　）
21 あらゆる迷いをフリ払って決断する。（　　）
22 ネドコで横になる。（　　）
23 日頃の行いを改めるようサトす。（　　）
24 再会を喜びオオツブの涙を流した。（　　）
25 よく晴れて、遠足に最適のヒヨリだ。（　　）

# 実戦模擬テスト ⑷

解答には、常用漢字の旧字体や表外漢字および常用漢字音訓表以外の読みを使ってはいけない。

時間 60分
合格点 140/200
得点

## (一) 次の――線の漢字の読みをひらがなで記せ。 (30) 1×30

1 疲れきって熟睡している。(　　)
2 美しい旋律が聞こえてくる。(　　)
3 早めに搭乗手続きを済ます。(　　)
4 大地震の惨禍に言葉を失う。(　　)
5 眼鏡を薬品で洗浄する。(　　)
6 カニの体は甲羅で覆われている。(　　)(　　)
7 堕落した生活から立ち直る。(　　)
8 別荘で冬を過ごす。(　　)
9 諸問題を包括して取り扱う。(　　)
10 妹が初めて化粧した。(　　)
11 倫理観に欠ける行動だ。(　　)
12 内部の対立が露呈した。(　　)
13 人を侮辱する言動に抗議する。(　　)(　　)
14 稚拙な文章と評された。(　　)

## (二) 次の漢字の部首を記せ。 (10) 1×10

〈例〉 菜（艹） 間（門）

1 殉（　　）
2 壮（　　）
3 献（　　）
4 衷（　　）
5 丙（　　）
6 麻（　　）
7 戻（　　）
8 我（　　）
9 丹（　　）
10 爵（　　）

## (三) 熟語の構成のしかたには次のようなものがある。 (20) 2×10

ア 同じような意味の漢字を重ねたもの （岩石）

## (四) 次の四字熟語について、問1と問2に答えよ。 (30)

問1 後の□内のひらがなを漢字にして1～10に入れ、四字熟語を完成せよ。□内のひらがなは一度だけ使うこと。 (20) 2×10

ア 青息1息（　　）
イ 一2打尽（　　）
ウ 気炎万3（　　）
エ 好機4来（　　）
カ 酔生6死（　　）
キ 7想天外（　　）
ク 温8篤実（　　）
ケ 9若無人（　　）

15 繊細な神経の持ち主だ。（　）
16 会議の混乱を収拾する。（　）
17 質朴な青年で好感が持てる。（　）
18 病気の平癒を祈願した。（　）
19 飢餓に苦しむ人々を声援する。（　）
20 二枚の絵の構図が酷似する。（　）
21 おもしろい話に釣り込まれた。（　）
22 渋い表情で黙っている。（　）
23 展示品の前に人垣ができる。（　）
24 有名な窯元で陶器を買った。（　）
25 切り花を花筒に挿す。（　）
26 ニュースで竜巻の映像が流れた。（　）
27 峠の茶屋で汁粉を食べる。（　）
28 但し書きの多い説明書だ。（　）
29 盤面の碁石をにらむ。（　）
30 いつまでも名残が尽きない。（　）

イ 反対または対応の意味を表す字を重ねたもの　**（高低）**
ウ 上の字が下の字を修飾しているもの　**（洋画）**
エ 下の字が上の字の目的語・補語になっているもの　**（着席）**
オ 上の字が下の字の意味を打ち消しているもの　**（非常）**

次の**熟語**は右の**ア～オ**のどれにあたるか、**一つ**選び、**記号**で記せ。

1 挑戦（　）
2 充満（　）
3 滅菌（　）
4 妙齢（　）
5 減俸（　）
6 酷使（　）
7 帰還（　）
8 無粋（　）
9 興廃（　）
10 国璽（　）

オ 熟[5]断行（　）
コ 不[10]不離（　）

き・こう・じょう・そく・と
とう・ぼう・む・もう・りょ

**問2** 次の11～15の**意味**にあてはまるものを**問1**の**ア～コの四字熟語**から**一つ**選び、**記号**で記せ。（10）2×5

11 グループの仲間をいっぺんに捕らえてしまうこと。（　）
12 何も成し遂げることのなく、生涯を終えること。（　）
13 非常に困ったり苦しんだりするさま。（　）
14 勝手で遠慮のない振る舞いをすること。（　）
15 普通の人には思いつかない考え。（　）

## (五)

次の1〜5の**対義語**、6〜10の**類義語**を後の□の中から選び、**漢字**で記せ。□の中の語は一度だけ使うこと。

(20) 2×10

**対義語**

1 軽率（　　）
2 寛容（　　）
3 悲哀（　　）
4 概要（　　）
5 諮問（　　）

**類義語**

6 看病（　　）
7 邸宅（　　）
8 純朴（　　）
9 遺憾（　　）
10 肯定（　　）

かいほう・かんき・げんかく
ざんねん・しょうさい
しんちょう・すなお・ぜにん
とうしん・やしき

## (七)

次の各文にまちがって使われている**同じ読みの漢字**が**一字**ある。**上に誤字を**、**下に正しい漢字**を記せ。

(10) 2×5

1 折り紙は、子供の機用さや根気強さを養う上で絶大な効果がある。〔　〕（　）
2 死去の直前まで野鳥の観察を続けていた教諭の遺考集が昨年出版された。〔　〕（　）
3 開港百五十周年を祝って多才な催し物が企画され、評判を呼んでいる。〔　〕（　）
4 将棋界の最高位を争う対戦で弱冠二十歳の青年がタイトルを確得した。〔　〕（　）
5 産業・生活排水で汚洗された水質の改善は、二十世紀の重要課題だ。〔　〕（　）

## (八)

次の——線の**カタカナ**を**漢字一字**と**送りがな(ひらがな)**に直せ。

(10) 2×5

〈例〉 問題に**コタエル**。（答える）

6 十年ぶりの帰国に**カンルイ**にむせぶ。（　）
7 潜水艦が海面に**フジョウ**する。（　）
8 駅前の駐車場は**マンパイ**だった。（　）
9 **チョウヤク**競技で入賞した。（　）
10 敵が**タイキャク**を始めた。（　）
11 眠気覚ましに**キョウソウ**剤を飲んだ。（　）
12 彼は**チクザイ**に励んでいる。（　）
13 計画はすべて**スイホウ**に帰した。（　）
14 勉強中は一切騒音を**シャダン**する。（　）
15 学校で**スイセン**された本を借りる。（　）

## (六) 次の——線の**カタカナ**を**漢字**に直せ。 (20) 2×10

1 有名な**ギ**曲を見にでかける。

2 迷惑をおかけする仕**ギ**と相成りました。

3 **キョ**人の登場するおとぎ話を読む。

4 根**キョ**が乏しいので納得できない。

5 **ケイ**斜を利用して加速する。

6 両国は互**ケイ**的な関係にある。

7 旅先の土地の史**セキ**を巡る。

8 職**セキ**を果たすよう努める。

9 中部地方の山々を**トウ**破する。

10 この湖は**トウ**明度が高い。

1 寒さで手が**フルエル**。

2 首を**カタムケ**て考え込んでいる。

3 いつも**スマシ**た顔をしている。

4 流れ星に願いを**コメル**。

5 真に**セマル**演技に感動した。

## (九) 次の——線の**カタカナ**を**漢字**に直せ。 (50) 2×25

1 敗れた選手の**ケントウ**を皆でたたえた。

2 故郷の母に**キンキョウ**を知らせる。

3 専門家に論文の**シッピツ**を依頼する。

4 工具の**ヨウト**を説明する。

5 **ナイジュ**拡大の政策がとられた。

16 豆がおいしそうに**ニ**えてきた。

17 読書中に睡魔に**オソ**われた。

18 追及の**ホコサキ**が鈍った。

19 額から汗の**シズク**がしたたる。

20 世間に対して**カタミ**が狭い。

21 陰で**アヤツ**る人間がいるに違いない。

22 過ちが元で危険に**オチイ**る。

23 **イナズマ**と共に雨が降り出した。

24 難問に腰を**ス**えて取り組む。

25 宣伝文句に**マド**わされない。

# 実戦模擬テスト ⑸

解答には、常用漢字の旧字体や表外漢字および常用漢字音訓表以外の読みを使ってはいけない。

時間 60分　合格点 140/200　得点

(一) 次の――線の**漢字の読み**を**ひらがな**で記せ。 (30) 1×30

1 惰眠をむさぼる時ではない。（　　）
2 満員電車で窒息しそうになった。（　　）
3 内外の文献を参考にする。（　　）
4 不祥事で業界から放逐された。（　　）
5 保険の約款に目を通す。（　　）
6 長年の使用で歯車が磨耗した。（　　）
7 荒れ地の土壌を改良する。（　　）
8 裁判所に出廷して証言する。（　　）
9 遮光カーテンを取りつける。（　　）
10 事の真偽を問いただす。（　　）
11 途上国に無償の援助を行う。（　　）
12 都市の変遷を撮り続ける。（　　）

(二) 次の漢字の**部首**を記せ。 (10) 1×10

〈例〉 菜（艹）　間（門）

1 豪（　）
2 玄（　）
3 翻（　）
4 勘（　）
5 薦（　）
6 載（　）
7 甚（　）
8 尿（　）
9 痢（　）
10 昆（　）

(三) **熟語の構成**のしかたには次のようなものがある。 (20) 2×10

ア 同じような意味の漢字を重ねたもの　（**岩石**）

(四) 次の**四字熟語**について、問1と問2に答えよ。 (30)

問1 後の□内のひらがなを**漢字**にして1～10に入れ、**四字熟語**を完成せよ。□内のひらがなは一度だけ使うこと。 (20) 2×10

ア 外[1]内剛（　）
イ 公序良[2]（　）
ウ 優勝[3]敗（　）
エ [4]非善悪（　）
カ [6]喜乱舞（　）
キ 朝[7]暮改（　）
ク 冠[8]葬祭（　）
ケ 夏炉冬[9]（　）

13 国会で条約が批准された。（　　）
14 漢詩を朗々と吟詠する。（　　）
15 新事実の輪郭を説明する。（　　）
16 宮殿で国王に拝謁する。（　　）
17 タイトルを奪還した。（　　）
18 借金の返済を督促された。（　　）
19 シャーレで菌を培養する。（　　）
20 入試問題に頻出する作品だ。（　　）
21 熱戦にスタンドが沸き立つ。（　　）
22 喪中につき欠礼いたします。（　　）
23 ホースの筒先を炎に向ける。（　　）
24 裏口の扉は常時閉めている。（　　）
25 演奏中に琴の緒が切れた。（　　）
26 蚕の繭から生糸をつむぐ。（　　）
27 気分を損ねないよう気を配る。（　　）（　　）
28 急流下りの冒険に挑む。（　　）
29 古い慣習が廃れてきた。（　　）
30 湖畔に乙女の像が建つ。（　　）

イ　反対または対応の意味を表す字を重ねたもの　**（高低）**

ウ　上の字が下の字を修飾しているもの　**（洋画）**

エ　下の字が上の字の目的語・補語になっているもの　**（着席）**

オ　上の字が下の字の意味を打ち消しているもの　**（非常）**

次の**熟語**は右の**ア～オ**のどれにあたるか、**一つ**選び、**記号**で記せ。

1 不偏（　　）
2 抹消（　　）
3 遮音（　　）
4 巧拙（　　）
5 暗礁（　　）
6 造幣（　　）
7 愉快（　　）
8 腐臭（　　）
9 衆寡（　　）
10 摩擦（　　）

オ　神出[5]没（　　）

コ　前[10]多難（　　）

き・きょう・こん・じゅう・ぜ
せん・ぞく・と・れい・れっ

**問2** 次の11～15の**意味**にあてはまるものを**問1**の**ア～コの四字熟語**から**一つ**選び、**記号**で記せ。 (10) 2×5

11 物事のよしあしや正不正のこと。（　　）
12 方針がめまぐるしく変わって定まらないこと。（　　）
13 見かけによらずしっかり者であること。（　　）
14 時宜にかなわず役に立たぬもののたとえ。（　　）
15 所在が容易に知れないこと。（　　）

## (五)

次の1～5の**対義語**、6～10の**類義語**を後の□の中から選び、**漢字**で記せ。□の中の語は一度だけ使うこと。

(20) 2×10

**対義語**

1 陳腐（　　）
2 謙虚（　　）
3 高尚（　　）
4 古豪（　　）
5 懐柔（　　）

**類義語**

6 庶民（　　）
7 克明（　　）
8 干渉（　　）
9 陥没（　　）
10 盲点（　　）

いあつ・かいにゅう・こうまん
しかく・しんえい・しんせん
たいしゅう・たんねん・ちんか
ていぞく

## (七)

次の各文にまちがって使われている**同じ読みの漢字**が**一字**ある。**上に誤字**を、**下に正しい漢字**を記せ。

(10) 2×5

1 模擬試験の成績が伐群だったので、志望校を難関の大学に決めた。〔　〕（　）
2 小劇場で活躍している中堅の舞台俳優がテレビに出演し、好表を博した。〔　〕（　）
3 創立三十周年を祝う式典で、連盟の発展に迅力した役員が表彰された。〔　〕（　）
4 オゾン層は地球の上空にあり、有害な視外線などが降り注ぐのを防ぐ。〔　〕（　）
5 事実を呼張して話したため、大騒ぎとなり事態の収拾に追われた。〔　〕（　）

## (八)

次の——線の**カタカナ**を**漢字一字**と**送りがな(ひらがな)**に直せ。

(10) 2×5

〈例〉 問題に**コタエル**。（答える）

6 **シハン**の薬を服用する。（　）
7 事故で列車が**チエン**した。（　）
8 投手の配球は**ゼツミョウ**だった。（　）
9 度重なる**ダンアツ**にも屈しない。（　）
10 腰の**チリョウ**に通院している。（　）
11 難しい質問で答えに**キュウ**した。（　）
12 話を聞いて**ギフン**に駆られた。（　）
13 それは単なる**モウソウ**にすぎない。（　）
14 原典の要点を**ショウロク**する。（　）
15 **ヤッカイ**なことに首を突っ込むな。（　）

## (六) 次の——線のカタカナを漢字に直せ。(20) 2×10

1 空気が乾ソウする。(　　)

2 ちょっとしたことでソウ動が起こる。(　　)

3 ショウ細は後で連絡します。(　　)

4 ショウ軍が兵卒に指示を出す。(　　)

5 ピアノ曲を演ソウする。(　　)

6 若いソウの説話を聞く。(　　)

7 携帯電話は全国民に普キュウした。(　　)

8 老キュウ化した建物を建て替える。(　　)

9 よくウれたバナナを食べる。(　　)

10 代表に選ばれすっかりウかれてしまった。(　　)

1 遠く離れた故郷がコイシクなる。(　　)

2 今日は一日中イソガシカッた。(　　)

3 油がハネルので注意して揚げる。(　　)

4 打球がフェンスをコエル。(　　)

5 全国に影響をオヨボス出来事だ。(　　)

## (九) 次の——線のカタカナを漢字に直せ。(50) 2×25

1 こむずかしいリクツをこねる。(　　)

2 文学史上に輝かしいソクセキを残す。(　　)

3 岩がシャメンを転がり落ちた。(　　)

4 医師が患者のミャクハクを診る。(　　)

5 映像と容疑者の顔がガッチした。(　　)

16 一週間のヒマをもらった。(　　)

17 愛情をコめて料理する。(　　)

18 注文に応じてすしをニギる。(　　)

19 ウヤウヤしく頭を下げた。(　　)

20 いつもカゲグチをたたく人だ。(　　)

21 彼は物の見方がカタヨっている。(　　)

22 年長者の意見に耳をカタムける。(　　)

23 美術館への道順をタズねた。(　　)

24 カラクサ模様のふろしきを広げる。(　　)

25 一語一語をツムいで小説を書き上げる。(　　)

# 実戦模擬テスト ⑹

解答には、常用漢字の旧字体や表外漢字および常用漢字音訓表以外の読みを使ってはいけない。

時間 60分　合格点 140/200　得点

(一) 次の――線の**漢字の読み**を**ひらがな**で記せ。 (30) 1×30

1 交渉は暗礁に乗り上げた。( )
2 勇壮な音楽と共に行進する。( )
3 美しい上弦の月をながめる。( )
4 犯した罪を衷心からわびる。( )
5 物価の高騰で生活が苦しい。( )
6 疫痢は伝染病だ。( )
7 渓谷でキャンプをする。( )
8 ハスは地下茎を食用とする。( )
9 缶詰を用意する。( )
10 興奮して醜態をさらした。( )
11 追悼の言葉を述べる。( )
12 彼は裕福な家に生まれた。( )
13 二人の関係が次第に疎遠になった。( )
14 丘の上のあの家は眺望がよい。( )

(二) 次の漢字の**部首**を記せ。 (10) 1×10

〈例〉 菜(艹)　間(門)

1 呉( )
2 薫( )
3 准( )
4 畝( )
5 缶( )
6 再( )
7 瓶( )
8 塑( )
9 罷( )
10 虞( )

(三) **熟語の構成**のしかたには次のようなものがある。 (20) 2×10

ア 同じような意味の漢字を重ねたもの (**岩石**)

(四) 次の**四字熟語**について、問1と問2に答えよ。 (30)

問1 後の□内のひらがなを**漢字**にして1～10に入れ、**四字熟語**を完成せよ。□内のひらがなは一度だけ使うこと。 (20) 2×10

ア 支1滅裂( )
イ 七転八2( )
ウ 3小棒大( )
エ 4行無常( )
カ 6衰興亡( )
キ 付和7同( )
ク 千8一遇( )
ケ 孤立無9( )

15 舟が奔流にもまれる。（　）
16 自然の恵みを享受する。（　）
17 常に謙虚さを心がける。（　）
18 収賄の罪に問われる。（　）
19 五年前の約束を履行する。（　）
20 職場で厄介な問題が起こる。（　）
21 報告は全くの偽りだった。（　）
22 船は氷を砕いて進んだ。（　）
23 二人の間の溝は深まるばかりだ。（　）
24 船の進路が北に偏る。（　）
25 失礼な質問に返答を拒んだ。（　）
26 湯を沸かして紅茶を入れる。（　）
27 手ぬぐいで鉢巻をする。（　）
28 遺族に弔いの言葉を述べる。（　）
29 現場は見るに堪えない惨状だった。（　）
30 類似した事件が五月雨式に続いた。（　）

ア（略）

イ　反対または対応の意味を表す字を重ねたもの　**（高低）**

ウ　上の字が下の字を修飾しているもの　**（洋画）**

エ　下の字が上の字の目的語・補語になっているもの　**（着席）**

オ　上の字が下の字の意味を打ち消しているもの　**（非常）**

次の**熟語**は右の**ア〜オ**のどれにあたるか、**一つ**選び、**記号**で記せ。

1 鎮魂（　）
2 紛糾（　）
3 酷似（　）
4 慶弔（　）
5 争覇（　）
6 納涼（　）
7 不惑（　）
8 艦船（　）
9 剛柔（　）
10 旋風（　）

オ 不 5 不滅（　）

コ 謹 10 実直（　）

えん・きゅう・げん・ざい・しょ
しん・せい・とう・らい・り

**問2** 次の11〜15の**意味**にあてはまるものを**問1**の**ア〜コの四字熟語**から**一つ**選び、**記号**で記せ。 (10) 2×5

11 他人の主張にわけもなく従うこと。（　）
12 永遠にその価値が残ること。（　）
13 統一もなくばらばらに乱れること。（　）
14 物事を誇張して言うこと。（　）
15 めったにない機会。（　）

(五) 次の1～5の**対義語**、6～10の**類義語**を後の□の中から選び、**漢字**で記せ。□の中の語は一度だけ使うこと。 (20) 2×10

**対義語**

1 中枢 (　　)
2 閑暇 (　　)
3 漆黒 (　　)
4 散逸 (　　)
5 既知 (　　)

**類義語**

6 調停 (　　)
7 親友 (　　)
8 憤慨 (　　)
9 懲戒 (　　)
10 歳月 (　　)

げきど・こういん・しゅうしゅう
じゅんぱく・しょばつ・たぼう
ちき・ちゅうさい・まったん
みち

(七) 次の各文にまちがって使われている**同じ読みの漢字**が**一字**ある。**上に誤字**を、**下に正しい漢字**を記せ。 (10) 2×5

1 地球の環境に配慮した木材生産を計画的に行っている国もある。 (　)(　)
2 繁華街で遊び回る少年少女を家庭に戻そうと地域住民が循回を始めた。 (　)(　)
3 冷凍食品は種類が豊富で、速席の食材として家庭でも重宝されている。 (　)(　)
4 経験を積んだ精鋭の登山隊で編成されたヒマラヤ遠制隊が出発した。 (　)(　)
5 廃水から不順物を分離し、水質を浄化する新方式の装置が開発された。 (　)(　)

(八) 次の――線の**カタカナ**を**漢字一字**と**送りがな(ひらがな)**に直せ。 (10) 2×5

〈例〉 問題に**コタエル**。 (答える)

6 老人の**ニュウワ**な表情が印象的だった。 (　　)
7 等高線から**ケイシャ**の様子を読む。 (　　)
8 会社の再建に**ジンリョク**している。 (　　)
9 倫理的に**フハイ**した社会を憂える。 (　　)
10 盛んな声援で選手を**コブ**する。 (　　)
11 北側の**サンバシ**から船に乗り込む。 (　　)
12 沼全体に水草が**ハンモ**している。 (　　)
13 **ボンヨウ**な発想しか出てこない。 (　　)
14 飲酒運転の**ボクメツ**を宣言する。 (　　)
15 戸籍**トウホン**を取り寄せる。 (　　)

(六) 次の——線のカタカナを漢字に直せ。(20) 2×10

1 この作品は最優秀賞にヒッ敵する。（　　）
2 疑問点を本のヒッ者に尋ねる。（　　）
3 報告書の要シをまとめる。（　　）
4 新聞のまんがは風シが利いている。（　　）
5 商品の正式名ショウを決定する。（　　）
6 今月の目標を全員でショウ和した。（　　）
7 気にサワったのなら謝ります。（　　）
8 その品物にはサワらないでください。（　　）
9 誤りがないかシン重に確認する。（　　）
10 地シンに備えて訓練する。（　　）

1 子供のいたずらをイマシメル。（　　）
2 不正の横行はナゲカワシイ限りだ。（　　）
3 タヌキは人をバカスという。（　　）
4 紙幣をスカシて見る。（　　）
5 オドロクべき世界新記録が出た。（　　）

(九) 次の——線のカタカナを漢字に直せ。(50) 2×25

1 時間の関係で説明をカツアイした。（　　）
2 相手は終盤にギャクシュウに転じた。（　　）
3 議案を野次とドゴウの中で可決する。（　　）
4 過疎の村に医師をハケンする。（　　）
5 灰色のフンエンが上がる。（　　）

16 旧友の死をイタむ。（　　）
17 自宅のトナリに事務所を建てる。（　　）
18 運賃がノキナミ上がった。（　　）
19 草花がヨツユにぬれる。（　　）
20 郵便のフリカエで代金を送る。（　　）
21 成功にアワい望みをかける。（　　）
22 猫の手も借りたいほどイソガしい。（　　）
23 服の流行にはウトい。（　　）
24 天をアオいで慨嘆する。（　　）
25 参道の玉ジャリを踏みしめる。（　　）

# 資料1 小学校学年別 配当漢字表

| | ア | イ | ウ | エ | オ | カ | キ | ク | ケ | コ | サ |
|---|---|---|---|---|---|---|---|---|---|---|---|
| 1年 | | 一 | 右雨 | 円 | 王音 | 下火花貝学 | 気九休玉金 | 空 | 月犬見 | 五口校 | 左三山 |
| 2年 | | 引 | 羽雲 | 園遠 | | 何科夏家歌画回会海絵外角楽活間丸岩顔 | 汽記帰弓牛魚京強教近 | | 兄形計元言原 | 戸古午後語工公広交光考行高黄合谷国黒今 | 才細作算 |
| 3年 | 悪安暗 | 医委意育員院飲 | 運 | 泳駅 | 央横屋温 | 化荷界開階寒感漢館岸 | 起期客究急級宮球去橋業曲局銀 | 区苦具君 | 係軽血決研県 | 庫湖向幸港号根 | 祭皿 |
| 4年 | 愛案 | 以衣位茨印 | | 英栄媛塩 | 岡億 | 加果貨課芽賀改械害街各覚潟完官管関観願 | 岐希季旗器機議求泣給挙漁共協鏡競極 | 熊訓軍郡群 | 径景芸欠結建健験 | 固功好香候康 | 佐差菜最埼材崎昨札刷察参産散残 |
| 5年 | 圧 | 囲移因 | | 永営衛易益液演 | 応往桜 | 可仮価河過快解格確額刊幹慣眼 | 紀基寄規喜技義逆久旧救居許境均禁 | 句 | 型経潔件険検限現減 | 故個護効厚耕航鉱構興講告混 | 査再災妻採際在財罪殺雑酸賛 |
| 6年 | | 胃異遺域 | 宇 | 映延沿 | 恩 | 我灰拡革閣割株干巻看簡 | 危机揮貴疑吸供胸郷勤筋 | | 系敬警劇激穴券絹権憲源厳 | 己呼誤后孝皇紅降鋼刻穀骨困 | 砂座済裁策冊蚕 |

| | ネ | ニ | ナ | ト | テ | ツ | チ | タ | ソ | セ | ス | シ |
|---|---|---|---|---|---|---|---|---|---|---|---|---|
| 1年 | 年 | 二日入 | | 土 | 天田 | | 竹中虫町 | 大男 | 早草足村 | 正生青夕石赤千川先 | 水 | 子四糸字耳七車手十出女小上森人 |
| 2年 | | 肉 | 内南 | 刀冬当東答頭同道読 | 弟店点電 | 通 | 地池知茶昼長鳥朝直 | 多太体台 | 組走 | 西声星晴切雪船線前 | 図数 | 止市矢姉思紙寺自時室社弱首秋週春書少場色食心新親 |
| 3年 | | | | 都度投豆島湯登等動童 | 定庭笛鉄転 | 追 | 着注柱丁帳調 | 他打対待代第題炭短談 | 相送想息速族 | 世整昔全 | | 仕死使始指歯詩次事持式実写者主守取酒受州拾終習集住重宿所暑助昭消商章勝乗植申身神真深進 |
| 4年 | 熱念 | | 奈梨 | 徒努灯働特徳栃 | 低底的典伝 | | 置仲沖兆 | 帯隊達単 | 争倉巣束側続卒孫 | 成省清静席積折節説浅戦選然 | | 氏司試児治滋辞鹿失借種周祝順初松笑唱焼照城縄臣信 |
| 5年 | 燃 | 任 | | 統堂銅導得毒独 | 停提程適 | | 築貯張 | 貸態団断 | 祖素総造像増則測属率損 | 制性政勢精製税責績接設絶 | | 士支史志枝師資飼示似識質舎謝授修述術準序招証象賞条状常情織職 |
| 6年 | | 乳認 | 難 | 討党糖届 | 敵展 | 痛 | 値宙忠著庁頂腸潮賃 | 退宅担探誕段暖 | 奏窓創装層操蔵臓存尊 | 盛聖誠舌宣専泉洗染銭善 | 垂推寸 | 至私姿視詞誌磁射捨尺若樹収宗就衆従縦縮熟純処署諸除承将傷障蒸針仁 |

| 字数 | ワ | ロ | レ | ル | リ | ラ | ヨ | ユ | ヤ | モ | メ | ム | ミ | マ | ホ | ヘ | フ | ヒ | ハ | ノ | |
|---|---|---|---|---|---|---|---|---|---|---|---|---|---|---|---|---|---|---|---|---|---|
| 1年 計八〇 | | 六 | | | 立力林 | | | | | 目 | 名 | | | | 木本 | | 文 | 百 | 白八 | | 1年 |
| 2年 計一六〇 | 話 | | | | 里理 | 来 | 用曜 | 友 | 夜野 | 毛門 | 明鳴 | | | 毎妹万 | 歩母方北 | 米 | 父風分聞 | | 馬売買麦半番 | | 2年 |
| 3年 計二〇〇 | 和 | 路 | 礼列練 | | 流旅両緑 | 落 | 予羊洋葉陽様 | 由油有遊 | 役薬 | 問 | 命面 | | 味 | | 放 | 平返勉 | 負部服福物 | 皮悲美鼻筆氷表 秒病品 | 波配倍箱畑発反 坂板 | 農 | 3年 |
| 4年 計二〇二 | | 老労録 | 令冷例連 | 類 | 利陸良料量輪 | | 要養浴 | 勇 | 約 | | | 無 | 未民 | 末満 | 包法望牧 | 兵別辺変便 | 不夫付府阜富副 | 飛必票標 | 敗梅博阪飯 | | 4年 |
| 5年 計一九三 | | | 歴 | | 略留領 | | 余容 | 輸 | | | 迷綿 | 務夢 | 脈 | | 保墓報豊防貿暴 | 編弁 | 布婦武復複仏粉 | 比肥非費備評貧 | 破犯判版 | 能 | 5年 |
| 6年 計一九一 | | 朗論 | | | 裏律臨 | 乱卵覧 | 預幼欲翌 | 郵優 | 訳 | 模 | 盟 | | 密 | 枚幕 | 補暮宝訪亡忘棒 | 並陛閉片 | 腹奮 | 否批秘俵 | 派拝背肺俳班晩 | 納脳 | 6年 |

# 資料2 級別漢字表
## 小学校学年別配当漢字を除く

| 級 | ア | イ | ウ | エ | オ | カ | キ | ク | ケ | コ | サ |
|---|---|---|---|---|---|---|---|---|---|---|---|
| 4級 | 握扱 | 依威為偉違維緯壱芋陰 隠 | | 影鋭越援煙鉛縁 | 汚押奥憶 | 菓暇箇雅介戒皆壊較獲 刈甘汗乾勧歓監環鑑含 | 奇祈鬼幾輝儀戯詰却脚 及丘朽巨拠距御凶叫狂 況狭恐響驚仰 | 駆屈掘繰 | 恵傾継迎撃肩兼剣軒圏 堅遣玄 | 枯誇鼓互抗攻更恒荒項 稿豪込婚 | 鎖彩歳載剤咲惨 |
| 3級 | 哀 | 慰 | | 詠悦閲炎宴 | 欧殴乙卸穏 | 佳架華嫁餓怪悔塊慨該 概郭隔穫岳掛滑肝冠勘 貫喚換敢緩 | 企忌軌既棋棄騎欺犠菊 吉喫虐虚峡脅凝斤緊 | 愚偶遇 | 刑契啓掲携憩鶏鯨倹賢 幻 | 孤弧雇顧娯悟孔巧甲坑 拘郊控慌硬絞綱酵克獄 恨紺魂墾 | 債催削搾錯撮擦暫 |
| 準2級 | 亜 | 尉逸姻韻 | 畝浦 | 疫謁猿 | 凹翁虞 | 渦禍靴寡稼蚊拐懐劾涯 垣核殻嚇括喝渇褐轄且 缶陥患堪棺款閑寛憾還 艦頑 | 飢宜偽擬糾窮拒享挟恭 矯暁菌琴謹襟吟 | 隅勲薫 | 茎渓蛍慶傑嫌献謙繭顕 懸弦 | 呉碁江肯侯洪貢溝衡購 拷剛酷昆懇 | 唆詐砕宰栽斎索酢桟傘 |

| | シ | ス | セ | ソ | タ | チ | ツ | テ | ト | ナ | ニ | ネ | ノ |
|---|---|---|---|---|---|---|---|---|---|---|---|---|---|
| 4級 | 旨伺刺脂紫雌執芝斜煮釈寂朱狩趣需舟秀襲柔獣瞬旬巡盾召床沼称紹詳丈畳殖飾触侵振浸寝慎震薪尽陣尋 | 吹 | 是姓征跡占扇鮮 | 訴僧燥騒贈即俗 | 耐替沢拓濁脱丹淡嘆端弾 | 恥致遅蓄跳徴澄沈珍 | | 抵堤摘滴添殿 | 吐途渡奴怒到逃倒唐桃透盗塔稲踏闘胴峠突鈍曇 | | 弐 | | 悩濃 |
| 3級 | 祉施諮侍慈軸疾湿赦邪殊寿潤遵如徐匠昇掌晶焦衝鐘冗嬢錠譲嘱辱伸辛審 | 炊粋衰酔遂穂随髄 | 瀬牲婿請斥隻惜籍摂潜繕 | 阻措粗礎双桑掃葬遭憎促賊 | 怠胎袋逮滞滝択卓託諾奪胆鍛壇 | 稚畜窒抽鋳駐彫超聴陳鎮 | 墜 | 帝訂締哲 | 斗塗凍陶痘匿篤豚 | | 尿 | 粘 | |
| 準2級 | 肢嗣賜璽漆遮蛇酌爵珠儒囚臭愁酬醜汁充渋銃叔淑粛塾俊准殉循庶緒叙升抄肖尚宵症祥渉訟硝粧詔奨彰償礁浄剰壌醸津唇娠紳診刃迅甚 | 帥睡枢崇据杉 | 斉逝誓析拙窃仙栓旋践遷薦繊禅漸 | 租疎塑壮荘捜挿曹喪槽霜藻 | 妥堕惰駄泰濯但棚 | 痴逐秩嫡衷弔挑眺釣懲勅朕 | 塚漬坪 | 呈廷邸亭貞逓偵艇泥迭徹撤 | 悼搭棟筒謄騰洞督凸屯 | 軟 | 尼妊忍 | 寧 | |

| | | ハ | ヒ | フ | ヘ | ホ | マ | ミ | ム | メ | モ | ヤ | ユ | ヨ | ラ | リ | ル | レ | ロ | ワ |
|---|---|---|---|---|---|---|---|---|---|---|---|---|---|---|---|---|---|---|---|---|
| 4級 計三一三字 | 5級までの一〇二六字をあわせて一三三九字 | 杯輩拍泊迫薄爆髪抜罰般販搬範繁盤 | 彼疲被避尾微匹描浜敏 | 怖浮普腐敷膚賦舞幅払噴 | 柄壁 | 捕舗抱峰砲忙坊肪冒傍帽凡盆 | 慢漫 | 妙眠 | 矛霧娘 | | 茂猛網黙紋 | 躍 | 雄 | 与誉溶腰踊謡翼 | 雷頼絡欄 | 離粒慮療隣 | 涙 | 隷齢麗暦劣烈恋 | 露郎 | 惑腕 |
| 3級 計二八四字 | 4級までの一三三九字をあわせて一六二三字 | 婆排陪縛伐帆伴畔藩蛮 | 卑碑泌姫漂苗 | 赴符封伏覆紛墳 | 癖 | 募慕簿芳邦奉胞倣崩飽縫乏妨房某膨謀墨没翻 | 魔埋膜又 | 魅 | | 滅免 | | | 幽誘憂 | 揚揺擁抑 | 裸濫 | 吏隆了猟陵糧厘 | | 励零霊裂廉錬 | 炉浪廊楼漏 | 湾 |
| 準2級 計三二八字 | 3級までの一六二三字をあわせて一九五一字 | 把覇廃培媒賠伯舶漠肌鉢閥煩頒 | 妃披扉罷猫賓頻瓶 | 扶附譜侮沸雰憤 | 丙併塀幣弊偏遍 | 泡俸褒剖紡朴僕撲堀奔 | 麻摩磨抹 | 岬 | | 銘 | 妄盲耗 | 厄 | 愉諭癒唯悠猶裕融 | 庸窯 | 羅酪 | 痢履柳竜硫虜涼僚寮倫 | 累塁 | 戻鈴 | | 賄枠 |

「日本漢字能力検定」の受検の申し込み方法や検定実施日など，検定の詳細につきましては，「日本漢字能力検定協会」のホームページなどをご参照ください。
また，本書に関する最新情報は，当社ホームページにある本書の「サポート情報」をご覧ください。(開設していない場合もございます。)


漢字検定準2級 トレーニングノート〔三訂版〕

編著者 絶対合格プロジェクト

発行者 岡 本 泰 治

印刷所 株式会社ユニックス

発行所

©株式会社 増 進 堂


大阪市西区新町2丁目19番15号
℡(06)6532-1581(代) 〒550-0013
FAX(06)6532-1588


落丁・乱丁本はお取り替えします。 髙廣製本 Printed in Japan

ひっぱると，はずして使えます。

# 準2級 漢字検定 トレーニングノート

## 解答編

# 解答編

――漢字検定 準2級 トレーニングノート

（×は、まちがえやすい例を示したものです。）

●2～3ページ

## 1 漢字の読み

1 しゅこう
2 すいせん
3 ばいしょう
4 くじゅう
5 ちかく
6 じんそく
7 ぶじょく
8 くちく
9 すいみん
10 かんぼつ
11 ちょうじ
12 しさ
注「じさ」とも
13 せつゆ
14 ないしょ
15 こうりょう
16 がっぺい
17 はんざつ
18 けんめい
19 くうそ
20 たか
注 多いことと少ないこと
21 ふっとう
22 はいぜつ
23 きょうじゅん
24 あいとう
25 ちょうばつ
26 こうけん
27 けんま
28 しょうれい
29 いつだつ
30 へんちょう
31 ぜんじ
32 すうはい
33 ひんぱつ
34 ちょうせん
35 こうてつ
36 しゃくりょう
37 きゅうしん
38 かいこ
39 しっこく
40 らっかん
41 すうよう
42 えっけん
43 ぞうわい
44 きょうせい
45 ちゆ
46 じょうせい
47 しゃだん
48 かじょう
49 せっちゅう
50 そしょう

●4～5ページ

## 2 漢字の読み

1 かくへいき
2 かっこ
3 かんかつ
4 かんげん
5 せっとう
6 いかく
7 とうほん
注 ↕ 抄本
8 ちゅうとん
9 どうさつ
10 のうかん
11 あねったい
12 じゅうこう
13 ていさつ
14 だんがい
15 けんきょ
16 はしゃ
17 せんかい
18 だっかん
19 どうりょう
20 しょうえん
21 ざぜん
22 かんよう
23 ちせつ
24 らくのう
25 じゅうまん
26 きふ
注 一般的には「寄付」
27 いんぶん
28 しゅさい
29 ごうもん
30 だきょう
31 ほんぽう
32 こくひん
33 まっしょう
34 いちまつ
35 びょうとう
36 ぼんさい
37 きょうじゅ
38 ししゅく
39 かんてい
40 はっしょう
41 ぎんじょう
42 あんしょう
43 ぎょじ
44 じょうもん

### ●チェックしよう

▼二字熟語の読み方

熟語には四通りの読み方（音訓の組み合わせ）がある。

①「音」＋「音」（音読語）例豊富《ほうふ》

②「訓」＋「訓」（訓読語）例麻糸《あさいと》

③「音」＋「訓」（重箱《じゅうばこ》読み）例親身《しんみ》

④「訓」＋「音」（湯桶《ゆとう》読み）例手本《てほん》

45 ちょうそ
46 かいぼう
47 ぶんせき
48 しっかん
49 きゅうだん
50 いかん

## 3 漢字の読み ●6~7ページ

1 ゆうよ
2 そうさく
3 ていげん
4 さっきん
5 きゅうち
6 しゅうぶん
7 しょうしょ
8 けっさく
9 こうずい
10 ひぎょう
11 こうぐう
12 はばつ
13 よゆう
14 かっぱ
15 けいちょう
16 けんちょ
17 ゆうちょう
18 けいりゅう
19 ちょうだ
20 とうさい
21 ていねい
22 ごうわん
23 しし
24 がいかつ
25 ひへい
26 しょうもう
注「しょうこう」とも
27 いんじゅん
28 さばく
29 ぼんよう
30 せんりつ
31 ぎそう
32 せんりゅう
33 こんだん
34 しゅうき
35 るいせき
36 もうしゅう
37 ふよう
38 とくそく
39 ばいかい
40 ふんさい
41 きゅうとう
42 ちつじょ
43 しょうそう
44 じぎ
45 へいこう
46 はんか
47 ほうしゅう
48 もうら
49 そうすい
50 げんぽう

## 4 漢字の読み ●8~9ページ

1 けんえん
2 てつや
3 まさつ
4 てっかい
5 せんさい
6 せいしゅく
7 げり
8 すいま
9 ますい
10 ひでんか
11 かんさん
12 じみ
13 きゅうめい
14 はくちゅう
15 そうさ
16 ようしゃ
17 かんしょう
18 おおざっぱ
19 ふへん
20 きおうしょう
21 ほうてい
22 だちん
23 しじゅく
24 めいき
25 かんてい
26 こくじ
27 しょうがい
28 しょうやく
29 せんぱく
30 ゆうごう
31 ひじゅん
32 すうはい
33 さいやく
34 きんせん
35 しゅぎょく
36 ほうそう
37 ぞうてい
38 ひろう
39 ぼくめつ
40 ぐち
41 いっせい
42 じょくん
43 きが
44 せんじょう
45 ゆうかい
46 さいしょう
47 りんり ×ろんり
48 りゅうさん
49 かこん
50 しゅんけつ

## 5 漢字の読み ●10~11ページ

1 わ
2 から
3 すず
4 ますめ
5 はさ ×せば
6 まゆだま
7 みす
8 きら
9 ほんだな
10 かたよ
11 なが
12 あわ
13 よい
14 みにく
15 さえぎ
16 わずら
17 まかな
18 ひがた

19 つぼ
20 つぐな
21 あわ
22 さと
23 いど
24 いつわ
25 たづな
26 すみずみ
27 たつまき
28 くちびる
29 すた
30 しの
31 かま
32 こ
33 わくぐ
34 すす
35 くき
36 むねあ
注 家を建てるとき、骨組みの上に木を上げる
37 うら
38 かせ
39 みぞ
40 おそれ
41 か
42 あかつき
43 にお
44 うるしぬ
45 はなは
46 こば
47 か
48 そとぼり
49 は
50 はなお

● 12～13ページ

## 6 漢字の読み

1 くつず
2 た
3 いや
4 どろくさ
5 しぶかわ
6 かお
7 ちか
8 つ
9 とどの
10 す
11 たまわ
12 かばしら
13 すず
14 あともど
15 え
16 つつし
17 つい
18 う
19 も
20 うずま
21 ねこじた
22 さが
23 おちい
24 さるしばい
25 い
26 わらべ
27 みにく
28 く
29 くだ
30 からかさ
31 あらなわ
32 とびら
33 やおもて
34 さき
35 うねづく
36 つつぬ
37 すぎいた
38 えりあし
39 つ
40 しも
41 みが
42 み
43 かいづか
44 ほ
45 とむら
46 どろぬま
47 さ
48 みさき
49 ただ
50 かわ

● 14～15ページ

## 7 漢字の読み

1 あやつ ×く
2 はがね
3 そこ
4 とつ
5 なかす
6 かきね
7 あぶら
8 おもなが
9 ふち ×えん
10 ひとがき
11 まぎ
12 はなは
13 いた
14 すけだち
15 もっぱ
16 は
17 やなぎ
18 くらやしき
19 こ
20 ほのお
21 ほらあな
注「どうけつ」とも
22 おだ
23 さ
24 たなだ
25 まぼろし
26 あさいと

### ●チェックしよう

▼訓読みには一字の出題が多い

①傘《かさ》を忘れる。
②渋《しぶ》い味がする。
③行く手を遮《さえぎ》る。
④歯茎《はぐき》を傷つける。

訓読みの問題は一字だけの読みが半数以上を占めるが、熟語も出題される。一字だけの場合、名詞、形容詞、動詞などとバラエティに富む。

27 つなみ
28 かろ
29 いくえ ×いくじゅう
30 こも
31 こうむ
32 もふく
33 うけたまわ
34 みす
35 へび
36 か
37 はさき
38 つたな
39 あたい
40 おのれ
41 なご
42 うじ
43 いつわ
44 やわ
45 い
46 おか
47 はだぎ
48 あざむ
49 ちまなこ ×ちなまこ
50 ます

●16～17ページ

## 8 漢字の読み

1 さなえ
2 しばふ
3 すもう
4 ここち
5 ひより
6 さみだれ
7 むすこ
8 なだれ
9 でこぼこ
10 はとば
11 しらが
12 つゆ
13 つか
14 あずき
15 おじ 注 父母の兄のこと
16 いくじ
17 くだもの
18 じょうず
19 たび
20 えがお
21 くろうと
22 わこうど
23 いおう
24 しない
25 じゃり
26 けしき
27 いなか
28 おとめ
29 みやげ
30 ぞうり
31 たなばた
32 まいご
33 かぜ
34 ふぶき
35 なごり
36 かわせ
37 の
38 おじ 注 父母の弟のこと
39 うば
40 おおうなばら
41 もめん
42 ゆくえ
43 はたち
44 かな
45 まわ
46 たち
47 しゃみせん
48 やまと
49 もよ
50 しぐれ 注 秋から冬に降る雨

●18～19ページ

## 9 書き取り

1 亜流
2 安逸
3 迎合
4 共鳴
5 浸透
6 鋭利
7 不朽
8 騒音
9 行為
10 凶悪
11 傾倒 ×到
12 婚姻
13 韻文
14 懸賞
15 免疫
16 傍観
17 困惑
18 不屈
19 経緯
20 隣地
21 波及
22 寸暇
23 含蓄 ×畜
24 静寂
25 謁見
26 犬猿
27 凹凸
28 渦中
29 詳細 ×祥
30 極端
31 更新
32 授与
33 休暇
34 脈絡
35 踏襲
36 監視
37 非凡
38 歓待
39 災禍
40 弾劾
41 脂肪
42 恒久
43 丹念
44 閉鎖
45 沢山
46 尋問 ×門
47 優雅
48 没頭
49 近況
50 首尾

●20～21ページ

## 10 書き取り

1 摘発
2 描写
3 寡聞
4 誘拐
5 比較
6 周到
7 遠慮
8 慎重 ×深長
9 抱負
10 懐中
11 弾劾
12 異彩 ×偉才
13 吐露
14 指紋
15 採掘
16 飛躍
17 奇抜
18 生涯
19 核心
20 甘言
21 屈指
22 割愛
23 甲殻
24 威嚇
25 即座
26 皮膚
27 噴出 ×墳
28 唐突
29 病棟
30 軟体
31 黙認
32 装飾
33 恩恵
34 仲介
35 天賦
36 汚染
37 連覇
38 鉢
39 恐怖
40 腐敗
41 維持
42 傾向
43 堅実
44 振興
45 却下
46 打倒
47 鉄壁
48 含有
49 冒頭
50 鼓舞

●22～23ページ

## 11 書き取り

1 筆致
2 偉業
3 躍進
4 獲得 ×穫
5 勧誘
6 喫煙
7 漠然
8 把握
9 紫外
10 刺激
11 乾燥
12 豪放
13 憶測 ×側
14 是正
15 追跡
16 匹敵
17 扶養
18 絶叫
19 駆除
20 侮辱
21 廃棄
22 捕鯨
23 起訴
24 接触
25 回避
26 違反
27 誇張
28 趣旨
29 軽薄
30 依頼
31 激励
32 疲弊
33 普遍
34 猛獣
35 柔道
36 分析
37 跳躍
38 焼失
39 矛盾
40 微風
41 稚拙
42 浸水
43 需要
44 旋律
45 充実
46 実践
47 雌雄
48 端的
49 上旬
50 苦悩

●24～25ページ

## 12 書き取り

1 戻
2 嫌
3 捕
4 訴
5 溶 ×解
6 忙
7 交
8 尽

●チェックしよう

**▼教科書体を手本に**

書き取りでの大原則は、一点一画をおろそかにせず、楷書《かいしょ》ではっきり書くことである。

活字の書体には、いろいろなものがあるが、書く文字に近いのは、小学校の教科書で使われている「**教科書体**」である。正しい文字を書くための手本にすればよい。正しく書くことを習慣にしておこう。

9 駆
10 伺
11 煮
12 煩
13 刃
14 垣根
15 猿
16 若人
17 巡
18 侵
19 淡
20 迫
21 贈 ×送
22 陰口
23 濃
24 物腰
25 泥縄
26 唇
27 畝
28 枠組
29 背丈
30 畳
31 縁

---

32 涙
33 扱
34 隠 ×穏
35 盗
36 攻
37 抜
38 沸
39 甚
40 扉
41 傾
42 闘
43 隣
44 暦
45 誇
46 甘
47 荒
48 己
49 沈
50 狭 ×挟

---

●26～27ページ

## 13 書き取り

1 疲
2 操
3 賄
4 諭
5 握
6 召
7 震
8 越 ×超
9 盛
10 泡
11 褒
12 陰干
13 扇
14 箱詰
15 劣
16 磨
17 岬
18 添
19 堅苦
20 繰 ×操

---

21 弔
22 挑
23 殖 ×増
24 襲
25 離
26 鋭
27 気遣
28 壁
29 冒
30 摘
31 懲
32 坪
33 壊
34 胸騒
35 濁
36 恵
37 釣
38 洞
39 執 ×取
40 腕前
41 踊
42 被
43 脱

---

44 浸
45 耐
46 踏
47 突
48 替
49 笑顔
50 狂

●28～29ページ

## 14 書き取り

1 澄
2 軒先
3 恥
4 響
5 砕
6 酢
7 癒
8 沖合
9 傘
10 二重
11 込
12 空似

---

13 鈍
14 斜
15 振替
16 継 ×次
17 戒
18 漆
19 脂汗
20 尋
21 占
22 倒
23 診
24 推
25 沼
26 香
27 仰
28 人影
29 欺
30 誓
31 嘆
32 跳
33 拙
34 疎
35 趣

36 出稼
37 侮
38 矛先
39 大粒
40 汚
41 挿
42 干潟
43 貝殻
44 捜
45 喪
46 霜
47 犯
48 遣
49 済
50 払

●30〜31ページ

## 15 書き取り

1 荒
2 洗
3 猛
4 網
5 即
6 束
7 徴
8 跳
9 殖
10 増
11 盆
12 凡
13 展
14 添
15 押
16 推
17 耐
18 替
19 抵
20 提
21 壊
22 皆
23 澄
24 済
25 奮
26 噴
27 歓
28 乾
29 劇
30 撃
31 圏
32 堅
33 鋭
34 衛
35 染
36 占
37 幾
38 祈
39 詰
40 摘
41 跡
42 責
43 監
44 環
45 抜
46 脱
47 鎖
48 差
49 叫
50 響

●32〜33ページ

## 16 書き取り

1 執
2 撮
3 霊
4 麗
5 疲
6 被
7 含
8 丸
9 望
10 臨
11 歳
12 裁
13 征
14 姓
15 操
16 騒
17 鮮
18 扇
19 踏
20 透
21 載
22 彩
23 兼
24 駆
25 強
26 占
27 盤
28 万
29 堤
30 程
31 奏
32 僧
33 戯
34 儀
35 繁
36 範
37 障
38 将
39 訴
40 素
41 恥
42 致
43 却
44 脚
45 巨
46 拠

### ●チェックしよう

**▼同音・同訓異字に注意**

同音異字の場合、熟語を構成する漢字のうちの一字が問題になる。

同訓異字はまさに同訓の一字が問題になる。

いずれの場合も**文脈から意味を考え、**使われる字を確定させる必要がある。

使い分けできるようにそれぞれの漢字の意味を押さえる。

47 及
48 朽
49 幅
50 腹

## 17 書き取り

●34~35ページ

1 潮
2 徴
3 凶
4 境
5 更
6 項
7 珍
8 沈
9 触
10 振
11 帽
12 忙
13 抱
14 報
15 熟
16 浮
17 柔
18 獣
19 溶
20 踊
21 維
22 偉
23 較
24 獲
25 匹
26 筆
27 旨
28 刺
29 陰
30 隠
31 菓
32 箇
33 困
34 婚
35 仕
36 捕
37 勤
38 均
39 割
40 提
41 敷
42 普
43 慢
44 漫
45 傾
46 恵
47 堅
48 剣
49 群
50 蒸

## 18 書き取り

●36~37ページ

1 況・響
2 好・厚
3 保・捕
4 委・依
5 錠・丈
6 板・盤
7 久・及
8 締・占
9 解・壊
10 決・欠
11 伸・浸
12 肢・刺
13 振・震
14 栽・採
15 犯・冒

注 。「犯」過ちを犯す 。「冒」危険を冒す

16 端・担
17 済・澄
18 微・備
19 緯・維
20 証・障

注 。保証つきの品物・ 。生活の保障・ 。補償金、損害補償・

21 公・更
22 献・遣
23 職・殖
24 働・導
25 積・跡
26 展・添
27 刈・狩
28 役・躍
29 詞・旨
30 個・拠
31 集・拾
32 踏・到
33 迅・尽
34 縁・援
35 異・違
36 勢・盛
37 冷・覚
38 就・襲
39 係・傾
40 速・即

## 19 書き取り

●38~39ページ

1 裂・避
2 訂・停
3 静・制
4 停・低
5 差・鎖
6 容・様
7 待・耐
8 栄・衛
9 授・需
10 律・率
11 興・狂
12 採・載
13 攻・功
14 負・怖
15 当・討
16 折・織
17 仕・至
18 洗・染
19 英・鋭
20 苦・駆
21 先・宣
22 担・端
23 簡・乾
24 騒・燥

注「焦躁」とも

25 故・枯
26 負・追
27 客・脚

28 窮・朽
29 隔・較
30 快・介
31 余・与
32 躍・踊
33 審・振
34 洪・恒
35 臨・望
36 静・制
37 固・拠
38 伸・申
39 奪・脱
40 挙・巨

## 20 熟語構成

●40～41ページ

1 イ
2 エ
3 ウ
4 ウ
注 苦衷＝苦しい心のうち
5 オ
6 ア
7 ア
8 オ
9 ウ
10 イ
11 エ
12 ウ
13 ア
14 エ
15 ウ
16 ア
17 イ
18 エ
19 ア
20 ウ
21 イ
22 オ
23 ウ
24 ア
25 イ
注 寛厳＝ゆるやかなことと、きびしいこと
26 ア
27 エ
28 ウ
29 ア
30 エ
31 ア
32 イ
33 エ
34 ウ
35 エ
36 オ
37 ウ
38 イ
39 ア
40 ウ
41 ア
42 イ
43 オ
44 ウ
45 ア
46 イ
47 エ
48 ア
49 エ
50 ウ
51 オ
52 ア
53 ウ
54 イ
55 ウ
注 直轄＝直接の管轄
56 エ
57 ウ
58 オ
59 エ
60 イ

## 21 熟語構成

●42～43ページ

1 ウ
2 エ
3 ア
4 エ
5 イ
6 オ
7 ウ
8 エ
9 ア
10 ウ
11 エ
12 ア
13 ウ
14 ア
注「媒」も「介」も「なかだちをする」の意味
15 イ
16 ア
17 ウ
18 エ
19 ウ
20 イ
21 オ
22 イ
23 ア
24 エ
25 ウ
26 イ
27 オ

### ●チェックしよう

**▼熟語の基本は二字**

**熟語**

熟語の基本は二字熟語である。というのも、三字熟語は、二字熟語＋一字、四字熟語は、二字熟語＋二字熟語である場合が多い。

二字熟語の構成パターンを理解し、代表的な熟語を覚えておくと意味を知るための助けともなる。

漢字はひらがなやかたかなとちがい、一字だけでも意味をもっているが、熟語としてほかの漢字と組み合わせることにより、さらに広がった意味をもつことができるのである。

28 エ
29 ア
30 ウ
31 ア
32 ウ
33 ア
34 エ
35 ウ
36 エ
37 ア
38 イ
39 エ
40 オ
41 エ
42 イ
43 ウ
44 ア
45 イ
46 ア
注 遺漏＝もれたりおちたりすること
47 オ
48 エ
49 イ
50 ウ
51 イ
52 エ
53 ア
54 ウ
55 ア
56 イ
57 エ
58 ウ
59 イ
60 ウ

## 22 四字熟語

● 44～45ページ

❶ 問1
1 沈
2 霧
3 為
4 吐
5 俗
6 惑
7 暴
8 援
9 堅
10 載
11 起
12 到
13 仲 ×中
14 刻

問2
15 キ
16 ケ
17 イ
18 サ
19 ウ
20 ク
21 ア

❷ 問1
1 尾
2 鬼
3 倒
4 片 ×変
5 混
6 朝
7 歴
8 汚
9 矛
10 道
11 兼
12 得
13 罰
14 薄

問2
15 ク
16 ケ
17 オ
18 イ
19 キ
20 シ
21 セ

## 23 四字熟語

● 46～47ページ

❶ 問1
1 周
2 与
3 婚
4 諸
5 凶
6 鋭
7 隠
8 晩
9 維
10 触
11 夢
12 旨
13 紀 ×規
14 腐

問2
15 エ
16 ク
17 イ
18 ス
19 コ
20 ア
21 カ

❷ 問1
1 暮 ×墓
2 為
3 却
4 令
5 折
6 慮
7 尽
8 真
9 政
10 黙
11 驚
12 刻
13 柔
14 恥

問2
15 エ
16 サ
17 ア
18 シ
19 ウ
20 セ
21 コ

## 24 四字熟語

●48～49ページ

❶ 問1

1 途
2 奇
3 尽
4 端
5 離
6 勧
7 即
8 発
9 闘
10 厚
11 隠
12 雷
13 鋭
14 慮

問2

15 オ
16 シ
17 セ
18 ア
19 ク
20 ウ
21 キ

❷ 問1

1 枯
2 脱
3 尾
4 挙
5 躍
6 狂（×驚）
7 流
8 範
9 麗
10 雷
11 撃
12 臨
13 柔
14 棒

問2

15 エ
16 ウ
17 イ
18 ク
19 ケ
20 ス
21 キ

## 25 対義語・類義語

●50～51ページ

❶

1 発奮
2 威圧
3 低俗
4 末端
5 放任
6 愛護
7 面倒
8 永遠
9 丹念
10 寄与
11 解任
12 解消

❷

1 反抗
2 設置
3 売却
4 拡散
5 賛辞
6 蓄積
7 鼓舞
8 混乱
9 堅固
10 我慢
11 余分
12 沈着

❸

1 保存
2 獲得
3 勤勉
4 派遣
5 栄転
6 高慢（×漫）
7 考慮
8 承知
9 暗示
10 適切
11 除去
12 本望

## 26 対義語・類義語

●52～53ページ

❶

1 簡潔
注 冗長＝だらだらと続く様子
2 臨時
3 答申
4 更生
5 親密
6 下落
7 納得
8 物騒
9 典雅
10 汚名
11 模造
12 追放

❷

1 凡人
2 栄達
3 繁忙
4 多弁
5 低俗
6 乾燥
7 処罰
8 分別
9 我慢
10 豪放
11 残念
12 神妙

●チェックしよう

▼**部首は漢字を構成する基礎**

部首は漢字の**意味を表す部分**で、部首の意味を理解することで、その漢字の成り立ちがわかる。

また、形からみても組み立ての基本であり、部首によって字が分類されている。類似した部首に注意。

❸
1 偉大
2 詳細 ×祥
3 侵害
4 汚染
5 濃厚
6 総合
7 死角
8 対処
9 尽力 注 実現するために力を尽くすこと
10 巨頭
11 沿革
12 是認

## 27 対義語・類義語

● 54〜55ページ

❶
1 存続
2 甘受 注 文句を言わず受けること
3 受領
4 厳格
5 回収 ×集
6 鮮明
7 調停
8 親密
9 奮戦
10 手柄
11 強情
12 起源

❷
1 軽快
2 純白
3 混乱
4 分離
5 簡略
6 派遣
7 調和
8 丹念
9 消息
10 沈下
11 配慮
12 丁重

❸
1 分割
2 新鮮
3 慎重
4 冒頭
5 任命
6 近接
7 談判
8 永眠
9 大衆
10 公表
11 激怒
12 委託

## 28 部首

● 56〜57ページ

1 馬 ×月
2 赤
3 甘
4 山
5 衣 ×亠
6 貝
7 ノ
8 罒
9 糸
10 力
11 貝 ×宀
12 田
13 革
14 貝
15 衣
16 冫
17 ノ
18 土
19 鹿
20 辛
21 巾 ×广
22 口
23 皿
24 心
25 耒
26 玄
27 刂
28 大 ×廾
29 瓦
30 穴 ×宀
31 手
32 石 ×广
33 尸
34 矢
35 巾
36 冂
37 口
38 虫
39 土
40 羽
41 弓
42 巾
43 ⺍
44 口
45 寸
46 士
47 斉
48 二
49 欠
50 穴
51 麻 ×广
52 缶
53 乙
54 隹
55 丶
56 歹
57 罒
58 刂
59 大
60 鬼 ×广
61 虍
62 力
63 儿
64 穴
65 卩
66 血
67 亅
68 亠
69 目
70 革
71 幺 ×口
72 土
73 車
74 虍
75 衣 ×亠

76 土
77 一
78 羊
79 言
80 王

## 29 部首

●58～59ページ

1 戸
2 艹
3 車　×欠
4 大
5 日
6 舛
7 歯
8 一
9 又
10 十
11 木
12 戈
13 力　×艹
14 日
15 豕
16 足
17 土
18 疒
19 弋
20 亅
21 二
22 虍
23 十
24 凵
25 寸
26 心
27 止
28 宀
29 石
30 頁
31 大
32 十
33 米
34 頁
35 田
36 行
37 日
38 車
39 犬
40 尸
41 殳
42 衣　×亠
43 目
44 土
45 女
46 門
47 夕
48 歯
49 羊
50 木
51 氺
52 手
53 自
54 頁
55 一
56 人
57 女
58 又
59 廾
60 止
61 口
62 辰
63 飠
64 至　×攵
65 火
66 心　×虍
67 口
68 斤
69 广
70 糸
71 目
72 力
73 儿
74 大
75 土
76 亅
77 又
78 貝
79 欠
80 日

## 30 部首

●60～61ページ

1 文
2 言
3 穴
4 禾
5 宀
6 屮
7 大
8 日
9 彡
10 力
11 幺
12 羽
13 耳
14 囗
15 巾　×艹
16 田
17 女
18 止
19 鬼
20 虫
21 力

### ●チェックしよう

**▼送りがなの基本原則をまず理解**

①活用のある語は活用語尾を送る。
②名詞は送りがなをつけない。

送りがなは、漢文を訓読するとき、その読み方を示すため漢字の左右上下のすみや字の間などに書き添えたことからできたものである。

漢字とかなを混用するときに、どれだけを漢字でどこからをかなで書くかという、送りがなの問題が生じてくる。

22 工
23 夂
24 刂
25 辛
26 行
27 手
28 口 ×冂
29 木
30 斗
31 山
32 土
33 冖
34 辶
35 鬼
36 厂
37 ⺍
38 風
39 大
40 夕
41 口
42 囗
43 卩
44 糸

45 罒
46 凵
47 白
48 氏
49 心
50 刀
51 月
52 口
53 手
54 鼓
55 木
56 寸
57 羊
58 田
59 手
60 几
61 亻
62 田
63 彡
64 尸
65 衣
66 肉
67 豸

68 亠
69 竜
70 彡
71 尸
72 艹
73 巾
74 二
75 力
76 釆
77 木
78 車
79 隹
80 舌

●62～63ページ

## 31 漢字と送りがな

1 和やかな
2 浮かれ
3 忙しい
4 倒れる
5 濁す
6 健やかな

7 嘆かわしい
8 珍しい
9 映える
10 鋭い
11 結わえる
12 添える
13 遅れる
14 損ねる
15 荒れる
16 蒸らし
17 輝かしい
18 跳ねる
19 唱える
20 捕まえる
21 整える
22 蓄える
23 迎える
24 尋ねる ×訪ねる
25 初める ×染める
26 甘やかさ
27 鮮やかに

28 惑わさ
29 危ぶま
30 乾かし
31 背ける
32 透ける
33 占める
34 詳しく
35 承る
36 含める
37 薄らぐ
38 壊れる
39 著しい
40 頼もしい
41 逃がし
42 尽かし
43 逃れる
44 殖やす ×増やす
45 騒がしい
46 肥やす
47 避ける
48 遣わす
49 巡らす

50 踏まえ

●64～65ページ

## 32 漢字と送りがな

1 難しい
2 狭める
3 優しい ×易しい
4 操る
5 占う
6 浴びせる
7 極める ×究める
8 直ちに
9 費やし
10 提げる ×下げる
11 就ける ×着ける
12 恥じる
13 快く
14 抱える
15 溶かす

16 押さえる
17 恐ろしい
18 柔らかい　×軟らかい
19 伺い
20 奮って
21 戒める
22 朽ちる
23 込める
24 半ば　×中ば
25 兼ねる
26 煮える
27 香る
28 詳しい
29 傾ける
30 耐える　×堪える
31 澄ます
32 抜ける
33 載せる
34 与える
35 寂れる
36 腐らす
37 敗れる
38 悩ましい
39 泊める　×止める
40 含める
41 耕し
42 駆ける
43 遣わす　×使
44 及ぼす
45 訪れる
46 熟れる
47 報いる
48 誇らしく
49 商う
50 沈める

## ●66~69ページ

## 実戦模擬テスト(1)

(一)
1 どうさつ
2 じしゅく
3 はあく
4 よれい
5 がんこ
6 てってい
7 きゅうくつ
8 いつだつ
9 ばいたい
10 ないしょ
11 ゆうかい
12 じゅうとう
13 てっかい
14 なんじゅう
15 せんりゅう
16 しょうそう
17 しっこく
18 しゅこう
19 なんか
20 ぜんしん
21 かわ
22 つぐな
23 おもかげ
24 きら
25 ほ
26 えり
27 やわはだ
28 かせ
29 なまぐさ
30 すもう

(二)
1 一
2 竜
3 又
4 十
5 口
6 穴
7 儿
8 頁
9 弓
10 寸

(三)
1 ア
2 ウ
3 イ
4 ウ
5 エ
6 イ
7 オ
8 ア
9 エ
10 ア

(四)
問1
1 衣
2 戒
3 誇
4 麗
5 尾
6 割
7 倒
8 霧
9 旨
10 奮

問2
11 エ
12 コ
13 ア
14 オ
15 キ

(五)
1 設置

---

**●チェックしよう**

**▼四字熟語は来歴を理解する**

四字熟語の**勉強法**としては、意味内容を理解するために、その来歴を把握しておこう。それによって同音漢字の書きまちがいを防ぐことができる。

四字熟語は、その成り立ちからみて、大きく三つに分けられる。

①**仏教用語**からきたもの（諸行無常《しょぎょうむじょう》）
②**中国の古典**からきたもの（呉越同舟《ごえつどうしゅう》）
③日本で**慣用的**に使われてきたもの（異口同音《いくどうおん》）

2 添加
3 鮮明
4 混乱
5 侵害
6 永眠
7 丈夫
8 面倒
9 手柄
10 追憶

(六)
1 紹
2 将
3 噴
4 紛
5 巡
6 純
7 皆
8 壊
9 栄
10 映

(七)
1 向・更
2 遂・推

3 唯・遺
4 範・繁
5 隠・陰

(八)
1 脱げる
2 汚い
3 専ら
4 慎む
5 被っ

(九)
1 開拓
2 鍛錬（練）
3 優秀
4 形跡
5 神妙
6 駆除
7 模範
8 散逸
9 絶叫
10 濃淡
11 検疫
12 証拠
13 無縁
14 無窮
15 走塁
16 網
17 損
18 物腰
19 蛇
20 懲
21 鎖
22 足踏
23 抜
24 浸
25 白髪

## 実戦模擬テスト(2)

●70～73ページ

(一)
1 ろけん
2 かんめい
3 ほんぽう
4 ようしょう
5 しゅんけつ
6 ぎんじょう
7 ゆうきゅう
8 しゅく
9 あいとう
10 まんべん
11 ほうしゅう
12 るいせき
13 らくのう
14 こうりょう
15 しさく
16 ひぎょう
17 だきょう
18 すいせん
19 せんぱく
20 みす
21 つぼ
22 ちか
23 なわ
24 むねあ
25 みにく
26 よい
27 おちい
28 ひとあわ
29 もど
30 かみふぶき

(二)
1 木
2 大
3 二
4 殳
5 心
6 力
7 車
8 頁
9 口
10 矢

(三)
1 エ
2 ウ
3 エ
4 ア
5 ウ
6 エ
7 ア
8 イ
9 オ
10 エ

(四)
問1
1 鋭
2 兼
3 我
4 攻
5 依
6 即
7 麗
8 迷
9 裏
10 猛

問2
11 ア
12 カ
13 オ
14 ウ
15 イ

(五)
1 偉大
2 更生
3 分離
4 敏速

5 古豪
6 難儀
7 丁重
8 安眠
9 一般
10 降格

（六）
1 搬
2 範
3 拓
4 沢
5 染
6 占
7 噴
8 吹
9 含
10 丸

（七）
1 賢・堅
2 会・快
3 希・奇
4 焦・焼
5 管・幹

（八）
1 畳む
2 沈める
3 惑わす
4 恐らく
5 頼もしく

（九）
1 脚力
2 先輩
3 介助
4 継承
5 名誉
6 征服
7 罰金
8 敏感
9 是非
10 祝杯
11 痴態
12 賜杯
13 偵察
14 原稿
15 敬慕
16 召
17 悼
18 身柄
19 響
20 戒
21 褒
22 荒立
23 弾
24 胸騒
25 脂汗

## 実戦模擬テスト(3)

●74〜77ページ

（一）
1 たか
2 てっかい
3 あんねい
4 かんだい
5 ありゅう
6 しんかん
7 しょさい
8 えんしょう
9 がんしょう
10 くんこう
11 ばいしょう
12 はき
13 りょしゅう
14 いっかつ
15 しんりょう
16 そうさ
17 じっせん
18 すいしょう
19 ちょっかつ
20 ふんげき
21 はんぼう
22 あわ
23 ねこじた
24 しの
25 どろ
26 かさ
27 こ
28 つか
29 くだ
30 やえば

（二）
1 罒
2 耒
3 心
4 大
5 巾
6 走
7 刀
8 廾
9 宀
10 口

（三）
1 ウ
2 オ
3 ア
4 ウ
5 イ
6 ア
7 イ
8 エ
9 ウ
10 エ

### ●チェックしよう

**▼四字熟語は、分類して覚える**

四字熟語の多くが二字＋二字で結びついている。

①同種の並列
・禁酒禁煙《きんしゅきんえん》
・千変万化《せんぺんばんか》

②対義の並列
・有名無実《ゆうめいむじつ》
・針小棒大《しんしょうぼうだい》

③修飾の関係
・熟慮断行《じゅくりょだんこう》
・暗中模索《あんちゅうもさく》

④主語・述語の関係
・意気投合《いきとうごう》
・意味深長《いみしんちょう》

⑤数字を含むもの
・一朝一夕《いっちょういっせき》
・千差万別《せんさばんべつ》

⑥四つの漢字を対等に並べたもの
・喜怒哀楽《きどあいらく》
・東西南北《とうざいなんぼく》

(四)
問1
1 奇
2 離
3 暮
4 越
5 是
6 枯
7 潔
8 致
9 躍
10 沈
問2
11 ケ
12 キ
13 ク
14 エ
15 ウ
(五)
1 販売
2 獲得
3 美麗
4 簡略
5 派遣
6 互角
7 寄与
8 抜群
9 豪放
10 通俗
(六)
1 壊
2 皆
3 抵
4 提
5 鎖
6 差
7 困
8 婚
9 兼
10 駆
(七)
1 攻・抗
2 醸・蒸
3 採・済
4 造・蔵
5 披・被
(八)
1 腐らす
2 悩ましい
3 逃れる
4 訴える
5 寝かし
(九)
1 非凡
2 距離
3 堅実
4 色彩
5 対抗
6 爆笑
7 隣国
8 兼用
9 維持
10 丹念
11 浴槽
12 空欄
13 拙速
14 渉猟
15 督促
16 盆踊
17 額縁
18 狭
19 忍
20 至
21 振
22 寝床
23 諭
24 大粒
25 日和

## 実戦模擬テスト(4)

●78～81ページ

(一)
1 じゅくすい
2 せんりつ
3 とうじょう
4 さんか
5 せんじょう
6 こうら
7 だらく
8 べっそう
9 ほうかつ
10 けしょう
11 りんり
12 ろてい
13 ぶじょく
14 ちせつ
15 せんさい
16 しゅうしゅう
17 しつぼく
18 へいゆ
19 きが
20 こくじ
21 つ
22 しぶ
23 ひとがき
24 かまもと
25 さ
26 たつまき
27 しるこ
28 ただ
29 ごいし
30 なごり
(二)
1 歹
2 士
3 犬
4 衣
5 一
6 麻
7 戸
8 戈
9 丶
10 ⺈
(三)
1 エ
2 ア
3 エ
4 ウ
5 エ
6 ウ
7 ア
8 オ
9 イ
10 ウ
(四)
問1
1 吐

2 網
3 丈
4 到
5 慮
6 夢（×無）
7 奇
8 厚
9 傍
10 即

問2

11 イ
12 カ
13 ア
14 ケ
15 キ

（五）

1 慎重
2 厳格
3 歓喜
4 詳細
5 答申
6 介抱
7 屋敷
8 素直
9 残念
10 是認

（六）

1 戯
2 儀
3 巨
4 拠
5 傾
6 恵
7 跡
8 責
9 踏
10 透

（七）

1 機・器
2 考・稿
3 才・彩
4 確・獲
5 洗・染

（八）

1 震える
2 傾け
3 澄まし
4 込める
5 迫る

（九）

1 健闘
2 近況
3 執筆
4 用途
5 内需
6 感涙
7 浮上
8 満杯
9 跳躍
10 退却
11 強壮
12 蓄財
13 水泡
14 遮断
15 推薦
16 煮
17 襲
18 矛先
19 滴
20 肩身
21 操
22 陥
23 稲妻
24 据
25 惑

●82～85ページ

## 実戦模擬テスト(5)

（一）

1 だみん
2 ちっそく
3 ぶんけん
4 ほうちく
5 やっかん
6 まもう
7 どじょう
8 しゅってい
9 しゃこう
10 しんぎ
11 むしょう
12 へんせん
13 ひじゅん
14 ぎんえい
15 りんかく
16 はいえつ
17 だっかん
18 とくそく
19 ばいよう
20 ひんしゅつ
21 わ
22 もちゅう
23 つつさき
24 とびら
25 お
26 まゆ
27 そこ
28 いど
29 すた
30 おとめ

（二）

1 豕
2 玄
3 羽
4 力
5 艹
6 車
7 甘
8 尸
9 疒

**●チェックしよう**

**▼同音・同訓異字**

漢字には、同音漢字が実に多い。例えば「コウ」という音をもつ漢字は、常用漢字の範囲内でも六十以上も数えられる。大型の国語辞典を見ると、「コウショウ」と読む熟語は常用漢字の範囲内でも三十数個ある。

同訓の漢字も、同じことがいえる。

10 日

(三)
1 オ
2 ア
3 エ
4 イ
5 ウ
6 エ
7 ア
8 ウ
9 イ
10 ア

(四)
問1
1 柔
2 俗
3 劣
4 是
5 鬼
6 狂
7 令
8 婚
9 扇
10 途

問2
11 エ
12 キ
13 ア
14 ケ
15 オ

(五)
1 新鮮
2 高慢
3 低俗
4 新鋭
5 威圧
6 大衆
7 丹念
8 介入
9 沈下
10 死角

(六)
1 燥
2 騒
3 詳
4 将
5 奏
6 憎
7 及
8 朽
9 熟
10 浮

(七)
1 伐・抜
2 表・評
3 迅・尽
4 視・紫
5 呼・誇

(八)
1 恋しく
2 忙しかっ
3 跳ねる
4 越える
5 及ぼす

(九)
1 理屈
2 足跡
3 斜面
4 脈拍
5 合致
6 市販
7 遅延
8 絶妙
9 弾圧
10 治療
11 窮
12 義憤
13 妄想
14 抄録
15 厄介
16 暇
17 込
18 握
19 恭
20 陰口
21 偏
22 傾
23 尋
24 唐草
25 紡

## 実戦模擬テスト(6)

●86～89ページ

(一)
1 あんしょう
2 ゆうそう
3 じょうげん
4 ちゅうしん
5 こうとう
6 えきり
7 けいこく
8 ちかけい
9 かんづめ
10 しゅうたい
11 ついとう
12 ゆうふく
13 そえん
14 ちょうぼう
15 ほんりゅう
16 きょうじゅ
17 けんきょ
18 しゅうわい
19 りこう
20 やっかい
21 いつわ
22 くだ
23 みぞ
24 かたよ
25 こば
26 わ
27 はちまき
28 とむら
29 た
30 さみだれ

(二)
1 口
2 艹
3 冫
4 田
5 缶
6 門
7 瓦
8 土
9 罒
10 虍

(三)

1 エ
2 ア
3 ウ
4 イ
5 エ
6 エ
7 オ
8 ア
9 イ
10 ウ

(四)

問1

1 離
2 倒
3 針
4 諸
5 朽
6 盛
7 雷
8 載
9 援
10 厳

問2

11 キ
12 オ
13 ア
14 ウ
15 ク

(五)

1 末端
2 多忙
3 純白
4 収集
5 未知
6 仲裁
7 知己
8 激怒
9 処罰
10 光陰

(六)

1 匹
2 筆
3 旨
4 刺
5 称
6 唱
7 障
8 触
9 慎
10 震

(七)

1 虜・慮
2 循・巡
3 速・即
4 制・征
5 順・純

(八)

1 戒める
2 嘆かわしい
3 化かす
4 透かし
5 驚く

(九)

1 割愛
2 逆襲
3 怒号
4 派遣
5 噴煙
6 柔和
7 傾斜
8 尽力
9 腐敗
10 鼓舞
11 桟橋
12 繁茂
13 凡庸
14 撲滅
15 謄本
16 悼
17 隣
18 軒並
19 夜露
20 振替
21 淡
22 忙
23 疎
24 仰
25 砂利

## ●チェックしよう

### ▼部首の誤りやすい例外的な字〈（ ）内が部首〉

化（匕） 次（欠） 鳴（鳥） 功（力） 攻（攵） 項（頁） 酒（酉）
放（攵） 勝（力） 謄（言） 騰（馬） 豚（豕） 相（目） 畑（田）
視（見） 利（刂） 和（口） 初（刀） 料（斗） 取（又） 恥（心）
則（刂） 敗（攵） 栽（木） 裁（衣） 載（車） 牧（牛） 致（至）
赦（赤） 字（子） 案（木） 賓（貝） 憲（心） 学（子） 労（力）
栄（木） 覚（見） 挙（手） 誉（言） 買（貝） 募（力） 墓（土）
幕（巾） 慕（⺗） 暮（日） 夢（夕） 繭（糸） 孝（子） 慮（心）
肩（肉） 売（士） 処（几） 冬（冫） 黙（黒） 勲（力） 蒸（艹）
圧（土） 反（又） 灰（火） 歴（止） 暦（日） 応（心） 唐（口）
腐（肉） 慶（心） 愛（心） 憂（心） 昼（日） 巡（巛） 同（口）
周（口） 丹（丶） 句（口） 旬（日） 問（口） 聞（耳） 申（田）
由（田） 出（凵） 垂（土） 合（口） 分（刀） 画（田） 男（田）
疑（疋） 務（力） 直（目） 真（目） 貞（貝） 章（立） 率（玄）
準（氵） 幹（干） 能（肉） 及（又） 尚（小） 去（厶） 寺（寸）
幸（干） 喜（口） 死（歹） 季（子） 堂（土） 常（巾） 掌（手）
賞（貝） 炭（火） 前（刂） 乗（丿） 集（隹） 主（丶） 塁（土）
奮（大） 具（八） 競（立） 養（食） 聖（耳） 粛（聿） 辞（辛）